A. FRANÇOIS

Directeur de l'école normale de Melun.

La

Correspondance
Administrative

de l'Instituteur

Directions
et
Modèles

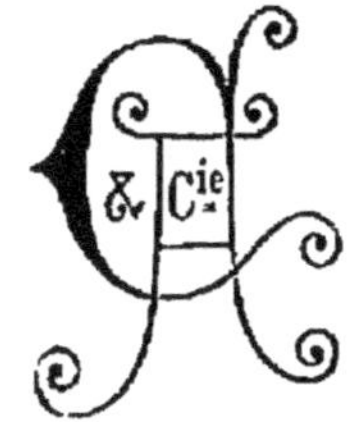

Armand **COLIN** & Cie

ÉDITEURS

5, RUE DE MÉZIÈRES, PARIS

LA CORRESPONDANCE
ADMINISTRATIVE
DE L'INSTITUTEUR

Directions et modèles

PAR

A. FRANÇOIS

Directeur de l'École normale de Melun.

D'après des notes par A. FRANÇOIS et C. LEROY

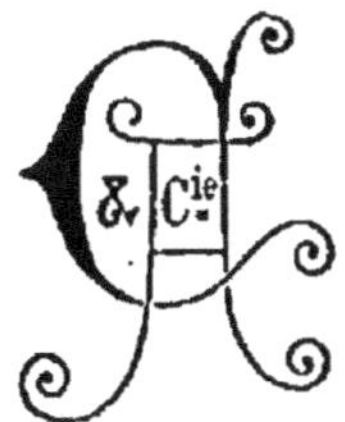

PARIS

ARMAND COLIN ET Cⁱᵉ, ÉDITEURS

5, RUE DE MÉZIÈRES, 5

1894

Tous droits réservés.

PRÉFACE

La correspondance administrative impose, aux fonctionnaires inférieurs surtout, de nombreuses obligations, dont la connaissance ne s'acquiert généralement que par l'expérience, faute de conseils antérieurs mettant au courant des convenances de toutes sortes qui résultent des rapports hiérarchiques.

Les ouvrages sur le style épistolaire proprement dit renferment, il est vrai, d'excellents préceptes; mais tout y est ramené à des formes littéraires que le style administratif ne peut admettre que dans une certaine mesure. Celui-ci, en effet, n'emprunte à « l'art d'écrire » que la correction, la précision, la clarté, la simplicité, la méthode, et parfois une certaine élégance amenée par le choix judicieux des mots et la variété de la construction. Il doit être dégagé de tout ce qui constitue les développements purement littéraires, les tours oratoires, les mouvements passionnés. Du jugement, de la netteté d'esprit, une logique rigoureuse : voilà ce qu'il faut pour écrire d'une manière satisfaisante au point de vue administratif.

Qu'on ne croie pas que ce soit chose facile. Les qualités dont il s'agit viennent rarement d'elles-mêmes : l'étude approfondie des ressources du langage, la méditation de modèles tirés des œuvres de nos meilleurs prosateurs, la lecture attentive de quelques ouvrages spéciaux, surtout des documents officiels se rapportant aux fonctions que l'on remplit, sont indispensables pour tout débutant qui veut éviter la vulgarité, le vague ou l'impropriété des expressions, aussi se garder contre une tendance naturelle à l'amplification et à l'emphase.

Ne serait-ce pas rendre service aux jeunes stagiaires que de résumer en quelques pages les directions les plus propres à les guider dans les diverses occasions où ils auront à écrire à leurs supérieurs ?

Nous avons essayé ce travail, et pour lui donner plus de précision et de valeur, nous l'avons accompagné de quelques lettres, rapports et mémoires sur des objets ayant trait à la vie même de l'instituteur.

La première partie de cet ouvrage n'est autre chose qu'une reproduction, mise au point et complétée, des notes que nous avons rédigées, en 1878-79, de concert avec notre ancien Directeur de Charleville. Elle ne nous appartient donc pas en propre. L'ordonnance générale en est tout autant l'œuvre du regretté M. Leroy que la nôtre.

A. F.

PLAN DE L'OUVRAGE ET TABLE DES MATIÈRES

DEUXIÈME PARTIE

MODÈLES RAISONNÉS DE CORRESPONDANCE ADMINISTRATIVE[1]

---

1. Pour chaque question : 1º une discussion générale et des conseils ; 2º une application au cas particulier envisagé ; 3º le modèle correspondant de la lettre ou du rapport à rédiger. — Nous donnons simplement les titres d'ensemble.

LA
CORRESPONDANCE ADMINISTRATIVE
DE L'INSTITUTEUR

PREMIÈRE PARTIE

NOTES DIVERSES SUR LA CORRESPONDANCE ADMINISTRATIVE

I. — Du papier.

On emploie généralement trois formats de papier pour la correspondance :

1° Le papier format in-8°, pour les lettres familières, et pour les simples lettres d'envoi de dossiers et de documents à un supérieur immédiat ; — le supérieur, de son côté, peut écrire sur le même format les demandes de renseignement, les notes et les avis officiels ;

2° Le papier format in-4°, double du précédent, pour les lettres d'envoi à un supérieur de second degré, et pour les lettres d'affaires administratives d'inférieur à supérieur ;

3° Le papier dit « papier ministre » (21 centimètres sur 32), destiné soit à la correspondance avec un supérieur d'un ordre très élevé, et plus particulièrement avec un ministre, soit à la rédaction des pétitions, demandes, mémoires ou rapports.

Le papier doit être blanc et assez fort. Le papier réglé ou quadrillé ne convient point pour la correspondance administrative. Le papier de couleur ou simplement teinté est rigoureusement proscrit.

II. — De la forme générale des lettres.

1° **De l'écriture.** — Quelle que soit la personne à qui l'on s'adresse, il convient d'écrire lisiblement, nettement, sans surcharge, ni rature, ni renvoi ; et l'on ne peut qu'approuver grandement les instituteurs qui se font une loi de n'envoyer aucune lettre à un supérieur que sous une forme calligraphique aussi parfaite que possible.

Ce n'est que dans le cas de familiarité très grande qu'il est toléré de négliger quelque peu son écriture. En toutes circonstances, il n'est point convenable d'écrire dans les marges et de faire des post-scriptum. L'écriture en marge est cependant admise dans les rapports, les notes explicatives, les mémoires, lorsqu'il s'agit d'indications sommaires, en forme de sous-titres, pour les détails de la question traitée.

Les administrations se servent le plus fréquemment de papier à en-tête imprimé. Un numéro spécial est écrit à la main pour indiquer que la lettre est reportée, au moins en substance, sur un registre d'ordre; au-dessous de ce numéro, sont indiqués et le bureau d'où émane la lettre, et l'objet sommaire de celle-ci. Pour faciliter le travail du supérieur, il est nécessaire de rappeler, dans l'angle supérieur à gauche de la première page de la réponse, et dans la largeur de la marge, par les annotations suivantes, le numéro et l'objet de la lettre reçue :

Réponse à la lettre
n° 185.
—

OBJET :
Mobilier scolaire.

Il est rare que les instituteurs emploient du papier à entête; mais, le cas échéant, cet en-tête devrait se borner à l'indication de la commune où ils exercent et de la nature de leur école.

2° De la marge. — Dans la correspondance d'égal à égal, la marge peut être réduite à un ou deux centimètres. Mais dans les lettres à un supérieur immédiat, il convient qu'elle prenne au moins le quart de la largeur du papier, quel qu'en soit le format.

S'il s'agit d'une pétition à un Préfet ou à un Ministre, il la faut porter à la moitié de la largeur. Le tiers suffit dans le cas d'un rapport ou d'un mémoire.

Ces dernières prescriptions trouvent leur raison d'être dans l'habitude généralement suivie, par les chefs de service de différents ordres, d'insérer en marge leur avis particulier, leurs notes et leurs conclusions; — ce qui permet à l'administration supérieure de saisir d'un seul coup d'œil tous les détails d'une question et toutes les appréciations auxquelles elle a donné lieu. La réponse même de l'administration est souvent copiée en entier sur la pièce examinée, après quoi celle-ci se classe dans les archives.

3° **Du titre en vedette.** — Le titre de la personne avec qui l'on correspond (inférieur, égal ou supérieur), doit toujours être placé en *vedette* au commencement d'une lettre; c'est-à-dire qu'il faut l'écrire ordinairement à partir du tiers de la largeur de l'espace réservé au texte, et le séparer de ce dernier par un intervalle plus ou moins grand. Toutefois, s'il présente un certain développement, on peut le rapprocher de la marge, de façon qu'il tienne en une seule ligne. L'écriture n'en doit jamais être menue; au contraire, l'usage veut qu'elle ait plus de corps que celle de la lettre.

Ce titre, d'ailleurs, s'accompagne toujours du mot *Monsieur*, en toutes lettres.

Avec un inférieur ou un égal, la vedette s'établit au quart ou au cinquième de la hauteur du papier, et le texte de la lettre à deux ou trois lignes plus bas. Mais avec un supérieur immédiat, il la faut placer au tiers de la hauteur.

S'il s'agit de pétition ou de lettre à un Préfet, à un Recteur, à un Ministre, le texte ne peut commencer qu'au milieu de la hauteur de la page. Dans ce cas, il convient, en outre, d'écrire à quatre centimètres à partir du haut de la page, et avant la vedette, le *titre complet* du destinataire, précédé des mots *A Monsieur*, en disposant sur deux lignes, de la manière suivante :

a)   *A Monsieur le Préfet*
du département de Seine-et-Marne.

b)   *A Monsieur le Vice-Recteur*
de l'Académie de Paris.

c)   *A Monsieur le Ministre*
de l'Instruction publique et des Beaux-Arts.

On ne met plus alors dans la vedette que l'expression simple du titre : *Monsieur le Préfet — Monsieur le Recteur — Monsieur le Ministre*[1]. Lorsqu'on ne fait point emploi du titre de la personne avant la vedette, il est généralement admis que ce titre complet soit énoncé, en forme d'adresse, au bas de la première page. Dans les administrations, cette indication est motivée par ce fait que ce sont les employés subalternes qui mettent les lettres sous bandes ou sous enveloppe.

4° **De la date.** — On date les lettres par le nom de la ville, du village que l'on habite ou d'où l'on écrit, suivi d'une virgule ; par le quantième du mois (en chiffres), le nom du mois en toutes lettres, avec une majuscule, et par l'indication de l'année en chiffres.

Exemple :

Melun, le 21 Mai 18...

Dans les lettres familières, on remplace parfois les noms des quatre derniers mois par leurs abréviations : 7bre, 8bre, 9bre, Xbre. — Les Anglais et les Allemands écrivent les dates par trois nombres : le premier est le quantième du mois ; le second, qui en est séparé par un trait oblique, indique le rang du mois dans l'année ; le troisième fait connaître, par deux chiffres seulement, le rang de l'année dans le siècle.

Exemple :

Londres, 31/10, 89;

ce qui signifie : *Londres, 31 Octobre 1889.*

Cette manière expéditive de dater n'est point reçue en France, du moins pour la correspondance administrative.

Dans les pétitions, les mémoires, etc., la date se place à trois lignes au-dessous de la signature, et commence au tiers de la largeur de la page, quelle que soit la marge. Par-

1. Cette disposition peut être avantageusement adoptée pour les demandes et rapports adressés par un instituteur à son Inspecteur d'Académie. Mais elle témoignerait d'un formalisme outré et quelque peu ridicule, si elle s'appliquait aux accusés de réception et aux lettres courantes.

fois, dans les notes explicatives et les rapports spécialement, elle se met avant le titre du signataire, sur la ligne qui suit immédiatement le texte, et commence vers la moitié de la largeur de celui-ci.

Dans les lettres d'envoi et dans les lettres purement administratives, la date s'écrit généralement au haut de la première page, avant la vedette, et à un centimètre ou deux du bord supérieur du papier[1].

5° Des blancs et de la réglure. — Il importe de laisser, en haut et en bas des pages, un blanc d'au moins deux lignes de la réglure.

Dans les pièces administratives, les lignes de la réglure doivent être espacées de huit à dix millimètres. Il est même d'usage, avec le format ministre, de n'écrire que vingt-cinq lignes à la page. Cependant, pour les mémoires et les rapports, on peut aller jusqu'à trente-deux lignes.

Lorsque la lettre est achevée, il ne faut pas omettre d'enlever, au moyen de la gomme, le crayon des réglures et des lignes marginales.

Jamais le papier ne doit être plié pour les marges. En outre, pour éviter de porter l'écriture jusqu'à l'extrême limite des lignes, il est bon de tracer à l'avance une marge terminale de la largeur d'un tour de règle. Il convient enfin de calculer son écriture de manière à bien remplir les lignes et à ne couper que très rarement les mots.

6° Des abréviations. — La correspondance administrative n'admet point les abréviations pour les mots, ni les chiffres pour les nombres, si ce n'est quand il s'agit de dates, de renseignements statistiques et de questions de budget.

Il faut surtout se garder d'employer l'abréviation T.S.V.P. (tournez, s'il vous plaît). Il est évident que la personne à qui l'on écrit est suffisamment intelligente pour comprendre que la lettre n'est point terminée au bas de la page.

Il existait autrefois un usage consistant à écrire au bas d'une page, et sous le dernier mot, le premier mot de la page suivante. C'était peut-être une bonne coutume, en ce

---

1. Dans les lettres familières ou d'égal à égal, ces règles n'ont pas besoin d'être strictement suivies. Souvent même on omet le nom de l'endroit d'où l'on écrit, pour se borner à la simple date. Ex. : *Ce 25 juin 18"*

sens que les personnes qui lisaient lentement avaient le temps de tourner le feuillet en lisant le mot ainsi indiqué à l'avance. Aujourd'hui, cette indication n'est plus permise.

Sauf le cas d'une lettre familière, jamais on ne nomme une personne sans faire précéder son nom des majuscules d'abréviation M., Mme, Mlle, etc. (Monsieur, Madame, Mademoiselle); le cas échéant même, on ajoute les qualifications spéciales qui peuvent convenir à cette personne.

7° De la répétition de la vedette. — Il convient, dans le courant d'une lettre, d'employer de temps à autre le titre des personnes, afin d'adoucir, par cette répétition de la vedette, certaines formes impératives dont on est amené à faire usage pour exprimer un désir ou présenter une observation. La place à donner à ce titre répété, *sans abréviation*, est surtout déterminée par la contexture de la phrase[1]. Toutefois, dans les lettres à un supérieur d'un ordre élevé, elle doit être, autant que possible, éloignée du début de celle-ci.

Exemples :

— *Je vous remercie, Monsieur et cher collègue, de l'obligeance que vous avez eue de me fournir ces renseignements.*

— *Je vous suis très reconnaissant de l'intérêt que vous avez bien voulu, Monsieur l'Inspecteur d'Académie, me témoigner en cette circonstance.*

— *Je serais très heureux que mes services fussent pris en considération et vous permissent, Monsieur le Ministre, d'accueillir favorablement la demande que j'ai l'honneur de former auprès de vous.*

La vedette se reproduit toujours dans la formule terminale dont il est question ci-après. En toutes circonstances, les mots Monsieur, Madame, etc., s'appliquant à la personne à qui l'on s'adresse, s'écrivent en entier[2].

---

1. La répétition a généralement lieu après un verbe ayant pour sujet ou pour complément un pronom rappelant la personne à qui l'on s'adresse.

2. Il est souverainement ridicule de faire usage des expressions *votre époux, votre épouse, votre dame, votre fille*. On dit poliment *Monsieur, Madame, Mademoiselle* (en toutes lettres) avec le nom de famille.

8° Des formules terminales. — Les formules terminales sont très variées. Sans parler des formules familières : *Tout à vous, Votre tout dévoué,* dont on use avec ses amis, et dont on fait suivre les billets sans importance adressés à un inférieur, voici les formules le plus généralement employées :

Avec des égaux :

— *Veuillez agréer, Monsieur et cher collègue, l'assurance de mes sentiments distingués.*

— *Agréez, Monsieur et cher collègue, l'expression de mes sentiments de cordiale confraternité.*

Ou, s'il existe quelque lien d'affection entre les correspondants :

— *Agréez, Monsieur et cher collègue, l'expression de mes meilleurs sentiments.*

— *Agréez, Monsieur, l'expression de mes sentiments affectueux.*

Avec des inférieurs :

Formule administrative : *Recevez* (et quelquefois agréez) *Monsieur* (faire suivre du titre : *Instituteur, Inspecteur, Directeur,* etc.), *l'assurance de ma considération distinguée)* (ou de ma haute considération, de ma considération la plus distinguée).

Ce serait manquer aux convenances que d'employer cette formule avec un supérieur, et même avec un fonctionnaire d'un autre ordre que l'on serait amené à considérer comme un égal.

Avec des supérieurs :

Ici, les formules sont différentes, selon le rang du supérieur par rapport à l'auteur de la lettre. Avec un supérieur immédiat, la formule s'écrit comme le reste de la lettre. L'on peut dire, par exemple, à un inspecteur primaire, si l'on est instituteur :

— *Veuillez agréer, Monsieur l'Inspecteur, l'expression* (ou mieux l'hommage) *de mes sentiments respectueux* (de mon respectueux dévouement).

Avec un supérieur de second degré, un Inspecteur d'Académie, dans notre hypothèse, la formule devient ce qui suit :

— *Daignez agréer, Monsieur l'Inspecteur d'Académie, l'hommage de mon profond respect* (ou de mes sentiments les plus respectueux).

Avec un supérieur d'un ordre plus élevé encore, un Préfet, un Recteur, un Inspecteur général, par exemple, la formule terminale se divise en trois parties : l'une, qui fait suite naturelle à la lettre ; l'autre, qui est une reproduction de la vedette, et qui s'écrit deux ou trois lignes plus bas, dans la seconde moitié de la largeur du texte ; la troisième, qui sert de complément à la première, et qui s'écrit aussi deux ou trois lignes plus bas que la vedette répétée, en commençant un peu en deçà de celle-ci.

Enfin, avant la signature, on écrit dans la même largeur que la troisième partie (ou à peu près), et le plus ordinairement en petite ronde, sa qualification personnelle.

Il faut signer d'une manière lisible. Les signatures à parafes plus ou moins compliqués ne sont guère de mise. Il convient de les laisser aux officiers ministériels, aux commerçants, qui y trouvent une certaine garantie contre les imitations.

Voici des modèles à suivre pour les formules de ce genre :

— *Je suis, avec un profond respect,*

    Monsieur le Préfet,

        Votre très humble et très dévoué serviteur.

           L'Instituteur public de Voisenon,

                X...

— *Je suis, avec le plus profond respect,*

    Monsieur le Ministre,

        Votre très humble et très dévoué serviteur.

           L'Inspecteur primaire de Provins,

                X...

L'usage a fait disparaître de ces formules l'expression de *très obéissant serviteur*, fréquemment employée autrefois[1].

Ce serait un non-sens d'employer à la fin d'une lettre la formule : *J'ai l'honneur d'être, avec un profond respect, etc.* Ce peut être un honneur d'être le subordonné ou le serviteur de quelqu'un ; mais comment admettre que l'on puisse à la fois se glorifier (*par l'honneur*) et s'humilier (*par le respect*) comme le fait comprendre la formule ci-dessus ?

Dans les lettres à un protecteur dont on sollicite l'appui, à un ami qui vous a rendu service et dont on connaît l'affection, à une personne que l'on veut assurer de son estime particulière, on emploie parfois des formules terminales qui découlent tout naturellement du dernier alinéa de la lettre. En cette circonstance, il faut à la fois du goût, de la grâce et de la simplicité : le sentiment exprimé ne vaut qu'autant qu'il est naturel et vrai, et n'offre rien d'affecté. Cette manière de terminer les lettres ne convient point dans la correspondance administrative ; il s'y faut borner aux formules que nous avons indiquées, et exprimer sa reconnaissance à un supérieur par une phrase courte et simple, judicieusement placée dans le corps de la lettre.

Beaucoup de personnes terminent leurs lettres de la façon suivante : *J'ai l'honneur de vous saluer, — Je vous salue, — Je suis votre serviteur.* Ces formules froides, à peine polies, sont tout au plus de mise dans le style familier et la correspondance commerciale. Le style administratif ne s'en accommode nullement.

---

1. Quand on n'a pas de qualification propre dont on puisse faire précéder sa signature, on indique, au-dessous de celle-ci, sa profession et son domicile.

Exemple :

Ed. LEBOURGEOIS,
Propriétaire à Donnemarie.

Dans les lettres commerciales, cette indication, généralement donnée en marge, n'est autre que l'adresse *complète* du signataire. Exemple :

Victor LAFEUILLADE,
Constructeur de machines,
RUE DE L'ARQUEBUSE, 17,
Charleville (Ardennes).

III. — De l'envoi des lettres.

Il y a deux manières d'envoyer les lettres et rapports : l'envoi sous enveloppe, l'envoi sous bandes croisées et contresignées.

1° Envoi sous enveloppe. — Lorsqu'on adresse une lettre à une personne avec laquelle on n'a pas la franchise postale, c'est-à-dire le droit de correspondre sous bandes croisées et contresignées, on doit renfermer la lettre dans une enveloppe de papier blanc, fort et non transparent, ou de papier bulle également fort.

Le format de ces enveloppes est déterminé par le format du papier que l'on a employé pour les lettres — c'est la moitié de l'in-8° dans le cas des petites lettres, qui, alors, ne sont pliées qu'en deux. — Les petites enveloppes servent à renfermer le format in-8° plié en quatre ; mais ce mode d'envoi n'est guère d'usage dans la correspondance administrative, il est réservé à la correspondance personnelle.

On emploie également le format moitié de l'in-8° pour les lettres sur papier in-4° qui, alors, sont pliées en quatre.

Mais s'il s'agit d'une lettre ou d'un rapport écrit sur papier ministre, le format de l'enveloppe doit être tel que la lettre pliée en quatre puisse entrer avec un centimètre de jeu tout autour, c'est-à-dire que l'enveloppe doit avoir dix-huit centimètres de long sur douze de large[1]. Encore faut-il éviter de plier en quatre les rapports de plus de 8 pages. On les plie en deux, et l'enveloppe, faite spécialement, est alors environ le double de la précédente.

Dans tous les cas, on ferme l'enveloppe, soit avec un pain à cacheter, soit avec la gomme qui, le plus souvent, est adhérente au papier. La cire à cacheter ne convient guère pour la correspondance administrative. Toutefois les Ministres et les hauts fonctionnaires ferment souvent leurs lettres au moyen de la cire sur laquelle ils apposent leur sceau particulier ou officiel.

La correspondance sous pli cacheté et sans affranchisse-

1. Elle est, d'ailleurs, connue en librairie sous le nom d'enveloppe ministérielle.

ment est permise à tout le monde avec un Ministre, pourvu que les lettres ne contiennent rien qui ait trait à des relations personnelles. Il suffit de présenter le pli comme étant exclusivement administratif au bureau de poste, à moins qu'on n'habite un village dépourvu de bureau, auquel cas on se borne à jeter le pli dans la boîte aux lettres.

L'adresse d'une lettre à un Ministre ne doit point porter le nom de celui-ci. En outre, pour faciliter le classement de la correspondance à l'arrivée, il est bon d'indiquer, en tête de l'adresse, la division ou la direction, et même le bureau du ministère où la lettre doit parvenir pour l'examen de la question qui y est traitée.

Modèle de suscription :

Direction de l'Enseignement primaire (6ᵉ bureau)

Monsieur

Monsieur le Ministre de l'Instruction

publique et des Beaux-Arts,

à PARIS.

Dans le service judiciaire principalement, et pour des questions confidentielles, les lettres sous pli cacheté portent assez fréquemment en tête de l'adresse la mention : *Fermé par nécessité.* Dans la correspondance administrative, il est simplement toléré de faire usage de cette mention.

2° Envoi sous bandes croisées et contresignées. — La correspondance administrative entre les personnes qui ont réciproquement le droit de franchise postale sous bandes croisées se fait, ainsi que l'indiquent ces termes, en fermant, avec des bandes de papier, les lettres pliées selon le format, et les rapports volumineux simplement pliés en deux.

Après avoir préparé des bandes de papier fort (papier bulle, le plus ordinairement), on prend une de ces bandes dont la longueur soit un peu plus grande que le double de la largeur du papier à lettre ; on place ensuite la lettre pliée sur la bande, de manière qu'elle en occupe le milieu et que les plis soient en haut et à droite. Puis l'on ramène les deux extrémités de la bande l'une sur l'autre, par-dessus la lettre, et on les fixe avec des pains à cacheter ou de la colle, en évitant toute adhérence avec la lettre elle-même.

La première bande étant ainsi posée, on retourne la lettre, et l'on introduit, entre cette bande et le papier, une seconde bande, dont les extrémités iront se rejoindre de l'autre côté, au-dessus des extrémités de la première. On ferme cette seconde bande comme la première, en ayant soin d'éviter de les coller ensemble.

Les bandes ne doivent pas dépasser en largeur le tiers de la plus petite dimension de la lettre pliée. La raison de ces prescriptions est tout entière dans le droit qu'a la poste de s'assurer que les lettres émanent bien du fonctionnaire qui a contresigné, et qu'elles ne renferment rien d'étranger au service.

Sur la face antérieure de la plus grande bande, on écrit, d'abord à gauche, et parallèlement à la direction de la bande, le titre de la personne qui adresse la lettre, soit sur une seule ligne, soit sur deux, de façon que cette indication ne dépasse pas le quart de la longueur de la bande. Puis on signe lisiblement. C'est ce qu'on appelle le contreseing[1].

Dans l'autre partie de la grande bande, on écrit la suscription. Celle-ci ne doit point renfermer le nom du destinataire ; on doit se borner à y indiquer sa qualité et sa résidence. Ainsi, un instituteur, pour écrire à son Inspecteur primaire, mettra sur la bande la suscription indiquée au modèle ci-dessous.

---

1. Il n'est point convenable de mettre cette indication obliquement dans la partie gauche de la bande ; et, en aucun cas, il n'est permis de la placer sur la bande croisée.

<table>
<tr><td></td><td></td><td></td></tr>
<tr><td>L'Instituteur public
de Rubelles.
X...</td><td colspan="2">Monsieur l'Inspecteur primaire
de l'arrondissement de Melun
à Melun,
(Seine-et-Marne).</td></tr>
<tr><td></td><td></td><td></td></tr>
</table>

Cependant, si cette simple suscription ne devait pas faire suffisamment connaître la personne à qui l'on écrit, comme dans le cas d'une lettre adressée à un Inspecteur général en tournée, à un délégué cantonal, on ajouterait après le mot Monsieur le nom de cet Inspecteur général, de ce délégué cantonal.

Les lettres sous bandes contresignées doivent, en principe, être présentées au guichet de la poste. Dans les villages où il n'existe ni bureau de poste, ni bureau de distribution, on les jette simplement à la boîte[1].

Nous indiquons ci-après les personnes avec lesquelles les instituteurs peuvent correspondre en franchise, sous bandes contresignées, pour affaires de service.

MM. les Délégués cantonaux du canton dans lequel les
        instituteurs exercent;
    les Inspecteurs primaires du département;
    l'Inspecteur d'Académie du département;
    le Préfet du département;
    le Recteur de l'Académie;
    les Inspecteurs généraux de l'Instruction publique,
        en tournée, dans toute la France.

1. Quand les circonstances amènent à écrire au Préfet du département, il faut indiquer sur la bande croisée, au-dessus de la bande servant à la suscription, la division et parfois le bureau où doit parvenir la lettre. Ex. : (1re division, 2e bureau), (Bureau du secrétariat général); cette indication peut prendre deux ou trois lignes.

Voici les suscriptions généralement admises pour les divers cas :

a)
Monsieur Pujol, notaire,
délégué cantonal,
à Melun.

b)
Monsieur l'Inspecteur primaire
de l'arrondissement de Provins,
à Provins.

c)
Monsieur l'Inspecteur d'Académie
en résidence à Melun,
à Melun.

d)
Monsieur le Préfet
du département de Seine-et-Marne,
à Melun.

e)
Monsieur le Recteur
de l'Académie de Lille,
à Lille.

f)
Monsieur le Vice-Recteur
de l'Académie de Paris,
à la Sorbonne, Paris.

g)
Monsieur Martel,
Inspecteur général de l'Instruction publique
(en tournée),
à Marseille (Bouches-du-Rhône).

Dans ce dernier cas, le contreseing doit non seulement porter le nom de la commune habitée par la personne qui écrit, mais encore, au-dessous et entre parenthèses, le nom du département. En outre, il convient d'écrire, sur la bande croisée, l'indication suivante : Service de l'Enseignement primaire.

Modèle :

<table>
<tr><td></td><td>Service de
l'Enseignement
primaire</td><td></td></tr>
<tr><td>Le Directeur de l'École
pre supérieure
de Nemours
(Seine-et-Marne),
X...</td><td colspan="2">*Monsieur Leblanc,*
Inspecteur général de l'Instruction
publique   (en tournée),
à Châlons-sur-Marne.</td></tr>
<tr><td></td><td></td><td></td></tr>
</table>

IV. — De quelques constructions épistolaires.

Il est certaines expressions ou tournures de phrases, d'un usage fréquent dans la correspondance administrative, pour l'emploi correct desquelles nous allons présenter quelques remarques.

a) L'expression *J'ai l'honneur de...* doit être introduite dans le cours de la lettre, avant l'indication de la démarche que l'on tente auprès d'un supérieur, ou du fait dont on vient l'informer [1].

On peut substituer à *J'ai l'honneur de...*, selon les circonstances, les tournures suivantes :

1° *Je m'empresse de...*, lorsqu'il s'agit de répondre à bref délai à une demande de renseignements sur un certain objet, ou lorsqu'il devient nécessaire de réparer un oubli ;

2° *Je prends la liberté de...*, lorsqu'on a à demander une chose que l'on sait être difficile à obtenir ; lorsqu'on croit

---

[1]. On *informe* un supérieur d'une chose qu'il ignore et dont on se propose de l'instruire ; on lui *fait connaître* les détails d'un fait sur lequel il a demandé des renseignements ou un avis.

avoir à présenter des observations relativement à des faits délicats; lorsqu'on veut faire accepter une opinion quelque peu en opposition avec celle du supérieur; lorsqu'on veut appeler l'attention sur une question dont la solution est d'une réelle importance;

3° *Je viens vous prier de vouloir bien...*, lorsque, après avoir déjà fait usage des formules précédentes, on arrive à la conclusion de la lettre.

Cette dernière façon de parler pourrait, à la rigueur, être remplacée par : *Je serais heureux que vous voulussiez bien..., Je vous serais reconnaissant de vouloir bien...*

Ainsi qu'il est facile de le voir, on emploie souvent les mots *vouloir bien* (tantôt à l'infinitif, tantôt à un mode personnel). C'est une expression convenable et polie, qui enlève au désir exprimé la sécheresse avec laquelle autrement il serait présenté. Dans le cas où le mot *bienveillance*, les expressions *bienveillant intérêt*, *bienveillante sollicitude* figureraient déjà dans la phrase commencée, il faudrait, on le conçoit, modifier son texte en conséquence.

b) Quelques personnes se croient autorisées à employer avec un supérieur le verbe *observer*, et à dire, par exemple, *Je vous observerai, Monsieur l'Inspecteur, que...*, ou *Je vous ferai observer...*; c'est là une formule impolie. Il faut la remplacer par des équivalences de sens plus convenables, telles que: *Je prends la liberté de vous présenter, Monsieur l'Inspecteur, l'observation suivante...; Je viens vous prier de vouloir bien remarquer que...; Permettez-moi d'appeler votre attention sur le fait suivant...*

c) Certains verbes servent à indiquer l'envoi que l'on fait d'une chose. Les voici, avec la raison de leur emploi particulier.

On peut dire, indifféremment, *J'ai l'honneur de vous transmettre* ou *J'ai l'honneur de vous adresser*. La première expression signifie, en effet, que l'on fait passer de ses mains aux mains du supérieur la lettre, le rapport, le mémoire; l'autre, que l'on fait parvenir à l'adresse du supérieur la chose indiquée. — Elles sont donc équivalentes; mais l'usage a consacré la première pour les lettres d'inférieur à supérieur, et la seconde pour les lettres de supérieur à inférieur.

On ne peut se servir de l'expression *J'ai l'honneur de vous envoyer* vis-à-vis d'un supérieur, même lorsqu'il s'agit de choses que l'on envoie par intermédiaire. — Le supérieur seul l'introduit dans sa correspondance, pour indiquer que telle ou telle pièce a dû parvenir ou parviendra à l'inférieur.

On *transmet* le travail qui est demandé par le supérieur, ou qui est exigé par des instructions réglementaires. — On *adresse* ce qui vient de l'initiative personnelle.

Quand on transmet à un supérieur des pièces ou un travail remis par une tierce personne, on dit que l'on a *l'honneur de faire parvenir...*

Appliquons ces diverses formules à la situation de l'instituteur. Il *a l'honneur de transmettre*, à l'Inspecteur primaire, son rapport annuel; il *a l'honneur d'adresser* un mémoire sur les améliorations matérielles à réaliser dans son école; il *a l'honneur de faire parvenir* les pièces qui lui ont été remises par un de ses élèves, candidat à l'École normale; l'Inspecteur primaire *a l'honneur de lui rappeler qu'il lui a envoyé* des imprimés pour la rédaction du rapport annuel; enfin l'instituteur *vient prier* M. l'Inspecteur primaire *de vouloir bien faire parvenir* à M. l'Inspecteur d'Académie la demande de congé qu'*il lui adresse*.

Quand on désire obtenir d'un supérieur immédiat une démarche auprès d'un supérieur plus élevé, il convient d'employer la formule suivante : *Je viens solliciter votre bienveillante intervention auprès de... pour...*

Peut-être pourrions-nous trouver encore bon nombre de formules consacrées; mais ce que nous en avons présenté suffit pour faire comprendre le caractère de déférence et de convenance à donner à la correspondance administrative. D'ailleurs, en dehors de ces formules, il sera toujours possible d'en trouver d'aussi correctes, si, par le jugement et le cœur, on sait s'inspirer, à la fois, et des situations particulières dans lesquelles on est placé, et des rapports que la reconnaissance peut avoir créés vis-à-vis de la personne à laquelle on écrit.

Nous engageons fortement nos lecteurs à ne point oublier que ce caractère sera assuré à leur correspondance par une intelligence complète du sens des termes et de leurs acceptions diverses, par un heureux choix des associations de mots et par l'emploi judicieux des formules consacrées. Mais il faut éviter d'accumuler ces formules, et surtout de construire des phrases trop longues. C'est là une sérieuse difficulté pour les jeunes gens surtout, qui ne savent pas toujours donner à leur style cette netteté résultant d'une suite de phrases heureusement coupées.

V. — Observations diverses.

Il est indispensable, dans la correspondance administrative, d'observer certaines règles que les rapports hiérarchiques imposent.

Ainsi, par exemple, aucune lettre ne doit être transmise à un supérieur de second degré, sans qu'il ne l'ait réclamée pour l'objet spécial qui amène à écrire.

En principe, les lettres doivent être adressées au supérieur immédiat : ce serait, pour les instituteurs, à l'Inspecteur primaire. En effet, ce fonctionnaire a ou peut avoir à donner son avis sur l'objet de la lettre. L'envoi direct, fait au supérieur de second degré, à l'Inspecteur d'Académie, dans notre hypothèse, amènerait nécessairement un retard dans la solution de la question, par suite du renvoi pour avis fait à l'Inspecteur primaire.

Dès lors, il devient nécessaire de *prier l'Inspecteur primaire de vouloir bien faire parvenir à l'Inspecteur d'Académie, et de lui demander d'appuyer de son avis favorable, s'il le juge opportun, utile ou convenable.*

Bien que le service de l'instruction primaire soit, d'après la loi, confié à l'autorité du Préfet, c'est, en réalité, entre les mains de l'Inspecteur d'Académie que ce service se centralise : l'Inspecteur d'Académie en a toute la responsabilité vis-à-vis du Préfet. Par conséquent, aucune lettre ayant rapport à l'instruction primaire ne doit être adressée directement au Préfet par les instituteurs. C'est donc aux Inspecteurs d'Académie ou aux Inspecteurs primaires seuls que les instituteurs auront à écrire, selon les circonstances. — Il faut laisser à l'Inspecteur d'Académie le soin de décider si telle ou telle question peut et doit faire l'objet d'une communication spéciale au Préfet. Et lors même que le Préfet demanderait directement à un instituteur des renseignements sur son école, il conviendrait que la réponse de l'instituteur, adressée en ce cas à *M. le Préfet*, fût transmise à ce fonctionnaire par l'intermédiaire de l'Inspecteur d'Académie.

Les instituteurs, d'autre part, n'auront jamais à écrire directement au Recteur ni au Ministre de l'Instruction publique pour les choses de leurs fonctions, à moins toutefois qu'il ne s'agisse de questions personnelles et spéciales dont le Recteur ou le Ministre auraient été saisis et pour lesquelles ils auraient *directement* réclamé des renseignements, — à moins aussi qu'il ne s'agisse de remercier ces derniers d'une distinction honorifique ou d'un encouragement *directement* adressé par eux. Mais, dans l'un et l'autre cas, il serait de haute convenance que les instituteurs fissent parvenir leurs lettres par l'intermédiaire de l'Inspecteur d'Académie.

Que si la correspondance dont il s'agit renfermait des observations critiques sur l'Inspecteur d'Académie, elle serait transmise directement au Ministre ou au Recteur, sans toutefois qu'on fût dégagé du devoir d'aviser l'Inspecteur de cet envoi.

Enfin, quoi que l'on écrive, il importe *de ne traiter dans une lettre qu'un seul et même objet*. C'est une précaution nécessaire, en ce sens que deux questions traitées peuvent réclamer des solutions distinctes et appartenir à des dossiers différents. — Les rapports généraux font seuls exception à ce principe d'ordre.

VI. — De la manière générale de comprendre et de traiter par écrit une question administrative.

Quand on écrit à un supérieur, il faut, comme en toute autre circonstance, avoir bien réfléchi non seulement sur l'objet général de la lettre ou du rapport, mais encore sur les questions secondaires que l'on doit développer pour donner à la pensée toute la précision désirable.

Le sujet à traiter comporte naturellement trois parties : L'une, brève, concise, indique l'objet pour lequel on écrit et fait connaître à l'avance l'ordre de succession des idées principales. La seconde, plus étendue, présente tous les détails propres à éclairer sur la question, en les rendant saisissants au moyen d'exemples, d'observations diverses, dont l'auteur attend un heureux effet sur l'esprit du destinataire. La troisième résume les faits à un autre point de vue que le début, en note les points saillants et fixe la conclusion.

Dans la première partie, on ne saurait trop se mettre en garde contre les digressions et les hors-d'œuvre qui rendraient le style traînant et de lecture fastidieuse. L'attention du destinataire sera donc ménagée, en vue des développements sur lesquels elle devra ultérieurement se porter. (Un préambule démesuré est, d'ailleurs, préjudiciable à l'affaire que l'on expose ou à la cause que l'on plaide). En outre, et dès le début de la correspondance, on disposera favorablement celui à qui l'on s'adresse par quelque expression qui fasse comprendre qu'on a le sentiment très net de la situation où l'on est vis-à-vis de lui. Toutefois, on n'affectera ni la fausse modestie, qui n'est que la présomption déguisée, ni la servilité, qui compromet la dignité personnelle.

Dans la seconde partie, la suite des idées sera réglée aussi logiquement, aussi sévèrement que possible. Là encore, la sobriété, la concision demeureront les qualités essentielles de la forme, mais elles devront se concilier avec l'obligation d'élucider complètement le sujet traité. Il faudra donc faire un départ entre les choses de premier plan et les choses accessoires. Le bon sens et un peu d'habitude y pourvoiront. Le goût interviendra ensuite pour le choix des termes et la construction correcte des phrases.

Les considérations précédentes se justifient très facilement : La personne à qui l'on écrit est, en effet, chargée d'intérêts multiples ; elle a des préoccupations aussi sérieuses que nombreuses et ne peut accorder qu'un temps très restreint à l'étude des questions qui lui arrivent de toutes parts. On ne demande point à l'auteur d'un rapport de faire preuve d'érudition et d'habileté littéraire ; on ne veut de lui qu'une connaissance pratique des choses de sa profession, qu'une intelligence guidée par le bon sens et le sentiment du devoir. C'est pourquoi il convient d'être concis et bref, tout en demeurant précis et complet ; c'est pourquoi il faut débarrasser son style de toutes les digressions oiseuses, de toutes les formes brillantes qui pourraient rendre l'idée principale moins saisissante.

Dans la troisième partie, enfin, on ne rappellera que ce qui est strictement indispensable pour faire bien saisir les conclusions. Celles-ci seront formulées en peu de mots et avec la plus grande netteté.

Souvent, et par un mouvement tout naturel, le supérieur porte son attention sur cette dernière partie, dès après la lecture de la première. C'est en examinant ultérieurement la seconde que son impression se fortifie, et qu'il est amené à donner son acquiescement aux conclusions du travail, si tout y est présenté avec soin et méthode.

— Les jeunes gens qui veulent acquérir une certaine habitude du style administratif feront bien de lire avec attention les rapports officiels et les questions pédagogiques insérés soit dans le Bulletin de l'Instruction primaire de leur département, soit dans toute autre publication du même genre. D'ailleurs, les modèles ne manquent point dans les ouvrages qui traitent de la profession d'instituteur, dans les circulaires ministérielles, les comptes rendus de conférences et les journaux d'éducation. Il leur suffira de méditer ces lectures et de s'exercer à écrire[1].

---

1. Qu'on ne s'y méprenne point; il ne s'agit ici que d'une préparation toute spéciale et immédiate. La connaissance générale des règles de l'art d'écrire applicables dans tous les genres suppose, nous ne pouvons l'oublier, l'étude d'un traité de rhétorique et un commerce fréquent avec les bons auteurs.

DEUXIÈME PARTIE

MODÈLES RAISONNÉS DE CORRESPONDANCE ADMINISTRATIVE

INTRODUCTION

Dans les notes qui précèdent, nous avons fait pressentir que, pour traiter convenablement un sujet écrit, il fallait : — en premier lieu, rechercher toutes les idées essentielles ou secondaires que l'on veut faire ressortir, et les classer méthodiquement ; — en second lieu, donner à chacune d'elles un développement en rapport avec son importance relative ; — en troisième lieu, s'inspirer, à la fois, du motif qui amène à écrire et de la situation particulière où l'on se trouve, pour arrêter la forme de son travail et assurer ainsi le résultat que l'on poursuit.

Ces conseils généraux suffisent dans la plupart des cas. Mais la pratique du style administratif présente bien des difficultés pour les jeunes maîtres dont l'éducation n'a pas toujours été dirigée vers l'examen des questions multiples de leur profession. Il nous paraît donc utile de traiter, à titre de complément, quelques-unes de ces questions que la vie d'instituteur peut faire surgir.

Nous n'avons nullement la prétention d'offrir à nos lecteurs des modèles parfaits de style, ni la pensée de rassembler des formules applicables dans toutes les circonstances possibles. Nous nous proposons seulement de guider les maîtres dans la manière la plus simple de concevoir et d'exposer judicieusement les idées se rapportant à des sujets dont ils auront fatalement à s'occuper.

Aussi bien, chacun de nos modèles sera-t-il précédé de directions spéciales amenant à saisir la succession rationnelle des idées, la forme générale des développements et les formes particulières que réclament les convenances épistolaires.

En effet, s'agit-il d'un mémoire, d'un rapport sur une question scolaire ? la forme et le développement sont comme la conséquence naturelle du sujet. A-t-on à soumettre une demande à un supérieur? les convenances hiérarchiques modifient quelque peu les procédés d'exposition. En réalité, rien de difficile dans ce travail. Mais, où l'on est souvent embarrassé, c'est lorsqu'il devient nécessaire de répondre avec netteté et précision à une demande de renseignements; de présenter, dans une simple lettre, une justification de ses actes et de ses paroles ; de remercier un supérieur d'un témoignage d'encouragement ou de satisfaction.

Nous nous rappelons, à cette occasion, qu'il y a quelques années, nous lisions, dans un roman humoristique dont le titre nous échappe, un chapitre finement pensé que nous voudrions pouvoir reproduire en entier. Il y était question d'un jeune employé de ministère débutant au titre de rédacteur. Fraîchement encore inspiré d'études classiques qu'il n'avait pas faites avec discernement, il introduisait dans son travail des phrases sonores, des images, des comparaisons. Aussi croyait-il avoir produit un chef-d'œuvre de style. Ses minutes lui revinrent nécessairement du bureau du chef de division avec cette annotation : « Diffus, prolixe, à refaire avec plus de simplicité. » Quelle déception! Son supérieur, à l'entendre, était évidemment un esprit étroit... Un de ses collègues le tira d'embarras en lui mettant sous les yeux plusieurs lettres avec les réponses auxquelles elles avaient donné lieu, quelques circulaires avec les idées premières d'après lesquelles elles avaient été établies. « En principe, lui disait cet employé parfaitement au courant des traditions administratives, lorsque vous aurez à rédiger une circulaire, ne vous écartez point du cadre qui vous est tracé; évitez d'introduire des idées nouvelles, et développez celles qui vous ont été données avec la plus grande simplicité : des phrases courtes, peu ou point de métaphores, une correction élégante, et vous réussirez. Quant aux réponses à faire aux lettres qui vous seront remises, suivez pas à pas le texte de ces lettres ; employez pour ainsi dire les mêmes expressions; bornez-vous à ne modifier que les mots dont les convenances épistolaires exigent le changement, et contentez-vous d'ajouter, en termes concis, à chaque paragraphe, les développements qui constituent la réponse proprement dite. »

Ce chapitre nous avait frappé; et lorsque les circonstances nous amenèrent, comme Inspecteur primaire et comme Directeur d'École normale, à traiter presque journellement des questions administratives, la leçon que le hasard nous avait apportée ne fut pas perdue pour nous.

Nous nous en inspirerons encore dans les modèles qui vont suivre; car, pour quelques-uns, nous nous ferons une loi d'appuyer nos conseils du texte même de lettres que nous supposerons émanées d'une autorité supérieure.

MODÈLES

N° 1. — Un instituteur reçoit un avis de nomination. Sa réponse.

Nous supposerons plusieurs cas : 1° *un élève sortant de l'École normale reçoit avis de sa délégation dans les fonctions de stagiaire ;* 2° *un jeune maître est appelé, pour la première fois, à la direction d'une école ;* 3° *un instituteur reçoit un avancement mérité ;* 4° *un instituteur subit un changement de résidence par mesure disciplinaire.*

Pour chacun de ces cas, l'avis de nomination est évidemment différent, et, dans les deux derniers, il se rencontre nécessairement un paragraphe spécial relatant les motifs de la nomination.

Selon le plan indiqué plus haut, nous ferons précéder la discussion de la réponse du texte même de la lettre officielle envoyée. De plus, pour donner plus de précision à notre travail, nous y introduirons des noms de lieux et de personnes, ainsi que des dates.

Premier Cas. — **Un élève-maître sortant de l'École normale de Melun reçoit avis de sa délégation dans les fonctions d'instituteur stagiaire à Montereau-faut-Yonne.**

Lettre d'avis.

Melun, le 1er Octobre 18...

MONSIEUR,

J'ai l'honneur de vous informer que, par décision en date de ce jour, je vous ai délégué dans les fonctions d'instituteur stagiaire à l'école publique de garçons de Montereau-faut-Yonne.

Veuillez m'accuser réception du présent avis, par retour du courrier, et prendre vos mesures pour vous rendre au plus tôt à votre poste.

Vous me ferez ultérieurement connaître, par l'intermédiaire de M. l'Inspecteur primaire, le jour de votre entrée en fonctions.

Recevez, Monsieur, l'assurance de ma considération distinguée.

L'Inspecteur d'Académie,

P...

Que demande l'Inspecteur d'Académie par cette lettre d'avis? Deux choses essentielles. — L'une, d'importance capitale, et à laquelle revient le premier rang dans la réponse, est *l'accusé de réception,* qui fera connaître que l'intéressé a bien été informé de la décision prise à son profit; l'autre, de second plan, qui ne se produira que quand le stagiaire entrera en exercice, est *la lettre à transmettre par le canal de l'Inspection primaire,* pour constater la prise de possession de l'emploi. (Ce sont, en réalité, des renseignements complémentaires dont nous n'avons pas à discuter le contexte. Néanmoins, il est nécessaire que le jeune homme indique, au cours de sa réponse, qu'il se conformera à l'invitation qui lui est faite.)

Mais l'Inspecteur d'Académie prescrit, en outre, de prendre des mesures en vue d'une *prompte installation.* Il faut donc qu'après avoir accusé réception de sa lettre, le destinataire indique d'une manière précise le jour où il lui sera possible de se rendre dans la commune désignée. (Cette partie de la réponse suggérera naturellement l'idée d'une lettre spéciale à adresser au directeur d'école auprès de qui l'on est appelé.)

Il semblerait, au premier abord, que la réponse dût se borner aux seules nécessités qui ressortent de la lettre d'avis. Cependant, si l'on considère la condition particulière du nouveau maître, on se demande s'il n'est pas utile d'y faire allusion. Un élève sortant de l'École normale ne doit-il pas remercier l'Inspecteur d'Académie d'une mesure qui est à la fois un témoignage de sollicitude et une marque de confiance? Ne doit-il pas faire comprendre qu'il s'efforcera de répondre à cette confiance et à cette sollicitude, en s'inspirant des directions reçues à l'École normale et de celles que l'Inspecteur d'Académie donne, en toutes circonstances, au personnel sous ses ordres? Ne doit-il pas, enfin, si l'instituteur sous le patronage duquel il va débuter lui est connu, ajouter qu'il s'estime heureux de cette situation qui lui permettra de s'instruire des choses de sa profession sous les auspices d'un maître dont le zèle et le dévouement seront pour lui du meilleur exemple?

Comme on le voit, un simple accusé de réception peut donner à l'Inspecteur d'Académie la mesure de l'intelligence et de l'esprit du jeune maître. Écrire sèchement que l'on a reçu avis de sa nomination et que l'on se rendra à son poste à bref délai serait, en même temps qu'un manque de convenance et de tact, un oubli complet de l'état d'obligé où l'on se trouve. Nous sera-t-il permis d'ajouter que les sympathies les plus vives vont naturellement à quiconque montre qu'il a du cœur et du jugement, et que ce résultat vaut d'être recherché, au début d'une carrière?

Examinons maintenant comment la lettre dont il s'agit devra être construite.

Et d'abord, l'Inspecteur d'Académie demandant que l'on accuse réception par le *retour du courrier*, il est évident qu'à moins de circonstances imprévues la réponse s'écrira le jour même où l'avis sera parvenu. C'est le cas d'employer la formule : *Je m'empresse de...* Mais faut-il se borner à ajouter, conformément au texte de la lettre d'avis, *vous accuser réception de...?* Non ; il convient de substituer à ce texte : *vous informer que j'ai reçu, aujourd'hui, la lettre par laquelle vous me faites connaître que...* D'autre part, la mesure prise étant une preuve de bienveillant intérêt, le premier paragraphe se complétera ainsi : *par décision du 1" octobre courant, vous avez bien voulu me déléguer dans les fonctions d'instituteur stagiaire à Montereau*[1].

---

1. Variante : vous voulez bien me faire connaître que, par décision du 1" octobre courant, vous m'avez délégué, etc...

Passons à la deuxième partie. On a reçu l'invitation de se rendre à son poste à bref délai; il s'y faut conformer. C'est pourquoi l'on pourra dire : *Conformément à vos instructions, je prends des mesures pour me rendre à mon poste après-demain, 4 octobre.* Et, comme il est recommandé d'adresser une nouvelle lettre dès après la prise de possession de l'emploi, une dernière phrase terminera ce qui est de stricte information. La voici : *Dès qu'il aura été procédé à mon installation* (ou : dès que je serai installé, dès que je serai entré en fonctions), *je me ferai un devoir de vous en aviser, par l'intermédiaire de M. l'Inspecteur primaire.* (Aviser remplacera *informer*, dont il est fait usage au début.)

La réponse proprement dite est ainsi arrêtée. Mais nous avons exposé, plus haut, les raisons qui militent en faveur de développements complémentaires. Si bien justifiés qu'ils soient, ces développements demeurent accessoires, au point de vue de la composition, et l'Inspecteur d'Académie peut ne pas les attendre. Il y a donc lieu de commencer le nouveau paragraphe par une expression respectueuse qui retienne l'attention et engage à continuer la lecture. — La rédaction d'ensemble pourrait être la suivante :

Veuillez me permettre, Monsieur l'Inspecteur d'Académie, de vous exprimer toute ma gratitude pour la mesure que vous avez prise à mon égard. Pour réaliser tout le bien que vous attendez de mes efforts, je n'aurai qu'à m'inspirer des directions que j'ai reçues à l'École normale et des instructions si précises que vous donnez aux instituteurs du département. Aussi, soyez convaincu que, par mon zèle et mon dévouement, je chercherai à me montrer digne de votre sollicitude. D'ailleurs, n'aurai-je pas, pour me guider dans mon inexpérience, l'exemple et les conseils de l'excellent maître sous l'autorité duquel vous voulez bien me placer (ou : auprès duquel vous voulez bien m'appeler).

La lettre s'achèvera par l'une des formules dont nous avons parlé dans notre première partie.

Nous la donnons d'autre part, dans son texte complet.

Voisenon, le 2 Octobre 18...

MONSIEUR L'INSPECTEUR D'ACADÉMIE,

Je m'empresse de vous informer que j'ai reçu, aujourd'hui, la lettre par laquelle vous me faites connaître que, par décision du 1er octobre courant, vous avez bien voulu me déléguer dans les fonctions d'instituteur stagiaire à Montereau.

Conformément à vos instructions, je prends des mesures pour me rendre à mon poste après-demain, 4 octobre.

Dès qu'il aura été procédé à mon installation, je me ferai un devoir de vous en aviser, par l'intermédiaire de M. l'Inspecteur primaire.

Veuillez me permettre, Monsieur l'Inspecteur d'Académie, de vous exprimer toute ma gratitude pour la mesure que vous avez prise à mon égard. Pour réaliser tout le bien que vous attendez de mes efforts, je n'aurai qu'à m'inspirer des directions que j'ai reçues à l'École normale et des instructions si précises que vous donnez aux instituteurs du département. Aussi, soyez convaincu que, par mon zèle et mon dévouement, je chercherai à me montrer digne de votre sollicitude. D'ailleurs, n'aurai-je pas, pour me guider dans mon inexpérience, l'exemple et les conseils de l'excellent maître sous l'autorité duquel vous voulez bien me placer ?

Daignez agréer, Monsieur l'Inspecteur d'Académie, l'hommage de mes sentiments les plus respectueux.

L'élève-maître sortant de l'École normale,

E. MASSÉ.

2ᵉ Cas. — **Un jeune maître (instituteur adjoint) est chargé de la direction d'une école.**

a)   **École mixte.**

Lettre d'avis.

Melun, le 3 Octobre 18...

MONSIEUR,

J'ai l'honneur de vous informer que, sur ma proposition, et par son arrêté du 2 octobre courant, M. le Préfet vous a nommé instituteur public à Rubelles.

Veuillez, par retour du courrier et directement, m'accuser réception du présent avis, et prendre vos mesures pour vous rendre au plus tôt à votre poste.

M. le Maire, en vous installant, vous remettra l'arrêté qui vous concerne.

Vous me ferez ultérieurement connaître, par l'intermédiaire de M. l'Inspecteur primaire, le jour de votre entrée en fonctions.

Dans le cas où le départ de votre prédécesseur rendrait vacant l'emploi de directrice des travaux à l'aiguille, je vous serai obligé de vous concerter, sans retard, avec M. le Maire, pour me soumettre de nouvelles propositions de nomination.

Recevez, Monsieur, l'assurance de ma considération distinguée.

L'Inspecteur d'Académie.

P....

Il est évident qu'à part le passage relatif au titre de nomination — *sur ma proposition, etc.., M. le Préfet vous a nommé,* — les premiers paragraphes de la réponse doivent être libellés comme dans le cas précédent. On suivra avantageusement la variante de la page 32 pour le bon emploi de l'expression *vouloir bien*, et l'on dira, tout d'abord :

Je m'empresse de vous informer que j'ai reçu, aujourd'hui, la lettre par laquelle vous voulez bien me faire connaître que, sur votre proposition et par son arrêté du 2 octobre courant, M. le Préfet m'a nommé instituteur titulaire à Rubelles, etc...

D'autre part, et bien qu'il soit recommandé, dans le cas de vacance de l'emploi de directrice des travaux à l'aiguille, de pourvoir à de nouvelles propositions de nomination, l'accusé de réception n'aura pas à renfermer de mention spéciale pour cet objet, attendu que l'instituteur ne connaîtra la situation qu'après s'être installé. — Il se conformera ultérieurement aux prescriptions dont il s'agit.

Mais le changement de situation est, en réalité, un avancement, quoique, parfois, le traitement et les avantages accessoires attribués au titulaire puissent demeurer inférieurs à l'ensemble des ressources dont celui-ci disposait, étant adjoint. Il y a donc lieu de terminer la lettre par *l'expression de sa gratitude ; — en témoignant son intention de justifier la mesure bienveillante dont on est l'objet, par son zèle et son dévouement dans la direction de l'école, par la réserve, la dignité et l'esprit de conciliation que l'on apportera dans ses relations avec les familles et les autorités locales.*

Nous avons longuement insisté sur le choix des termes de la précédente lettre. Ce que nous venons d'exposer doit suffire à montrer que le modèle ci-dessous répond à tout ce qu'exige notre hypothèse.

Tournan, le 4 Octobre 18...

MONSIEUR L'INSPECTEUR D'ACADÉMIE,

Je m'empresse de vous informer que j'ai reçu, aujourd'hui, la lettre par laquelle vous voulez bien me faire connaître que, sur votre proposition, et par son arrêté du 2 octobre courant, M. le Préfet m'a nommé instituteur titulaire à Rubelles.

Conformément à vos instructions, je prends des mesures pour me rendre à mon poste à bref délai, et dès que mon successeur à Tournan aura fait connaître son arrivée[1]. Lorsque M. le Maire de Rubelles aura procédé à mon installation, je me ferai un devoir de vous en donner avis par l'intermédiaire de M. l'Inspecteur primaire.

Veuillez me permettre, Monsieur l'Inspecteur d'Académie, de vous exprimer toute ma gratitude pour la mesure bienveillante que vous avez prise à mon égard. Il me faudra la justifier par mon zèle et mon dévouement dans la direction de l'école qui m'est confiée, tout autant que par ma réserve et mon esprit de conciliation dans mes rapports avec les autorités locales et les familles.

Daignez agréer, etc.

L'Instituteur adjoint de Tournan,

Boissy.

b) **École spéciale de garçons de Maincy.**

Même lettre d'avis que dans l'hypothèse précédente, — le passage relatif aux travaux à l'aiguille en moins.

Même réponse.

3ᵉ Cas. — Un instituteur déjà chargé de la direction d'une école (spéciale ou mixte) est changé de résidence par avancement.

La lettre officielle adressée à l'instituteur nous paraît devoir renfermer, en pareille circonstance, quelques mots de plus que le texte habituel. Ne faut-il pas, en effet, que l'Inspecteur d'Académie fasse comprendre au destinataire que son changement de résidence est motivé par les bons

---

1. Ce dernier membre de phrase ne s'emploiera que si quelque besoin particulier l'exige.

résultats obtenus dans son école, par les preuves qu'il a données d'une aptitude sérieuse, d'un esprit de conduite excellent ; et que l'Administration compte sur son dévouement pour placer ou pour maintenir la nouvelle école qui lui est confiée dans la meilleure situation ?

C'est là un témoignage de satisfaction dont un bon maître sera toujours fier, et dans lequel il trouvera un encouragement pour répondre à tout ce qu'on attend de lui. Aussi l'instituteur n'oubliera-t-il pas, dans l'accusé de réception :

1° De remercier l'Inspecteur d'Académie de la bienveillance avec laquelle ses services ont été appréciés, de la confiance que l'on veut bien placer en ses efforts; — 2° De faire connaître que son zèle grandira avec les circonstances, et que les encouragements qu'il reçoit l'inciteront à chercher toujours le mieux.

Que si l'instituteur était appelé à diriger une école à plusieurs classes, il conviendrait qu'il introduisît quelque phrase indiquant qu'il n'ignore aucun des devoirs de sa nouvelle charge.

Voici sa lettre, telle que nous la concevrions :

Guignes, le 12 Avril 18...

MONSIEUR L'INSPECTEUR D'ACADÉMIE,

Je m'empresse de vous informer que j'ai reçu, aujourd'hui, la lettre par laquelle vous voulez bien me faire connaître que, sur votre proposition, et par son arrêté du 10 avril courant, M. le Préfet m'a nommé directeur de l'École publique de La Ferté-Gaucher.

Conformément à vos instructions, je prends des mesures pour me rendre à mon poste à bref délai.

Dès que M. le Maire de La Ferté aura procédé à mon installation, je me ferai un devoir de vous en donner avis, par l'intermédiaire de M. l'Inspecteur primaire de Coulommiers.

Je ne saurais trop vous être reconnaissant, Monsieur

l'Inspecteur d'Académie, de l'avancement qui vient de m'être accordé. Permettez-moi de vous exprimer toute ma gratitude pour la bienveillance avec laquelle vous avez cru devoir apprécier mes services, et pour la confiance dont vous daignez m'honorer. Soyez convaincu que mon zèle grandira avec les circonstances, et que les encouragements de l'Administration m'inciteront à réaliser tout le bien que vous attendez de moi.

D'ailleurs, ne devrai-je pas à mes futurs collaborateurs l'exemple de l'activité et du dévouement? Ne sera-t-il pas nécessaire aussi que je les guide et les conseille? Je n'ignore pas combien délicate demeure une telle tâche; mais je m'efforcerai de la remplir dignement, en apportant dans mes relations avec mes adjoints beaucoup de sollicitude et de cordialité.

Daignez agréer, etc.

L'Instituteur de Guignes,
nommé Directeur à La Ferté-Gaucher,

J. CHARRIER.

4ᵉ Cas. — Un instituteur est changé de résidence par mesure disciplinaire.

Quand un instituteur est changé de résidence par mesure disciplinaire, la lettre officielle d'avis renferme d'ordinaire l'expression du blâme qu'il s'est attiré, — soit pour sa négligence dans l'accomplissement de ses devoirs professionnels, — soit pour le manque de dignité de sa tenue ou de sa conduite, — soit pour le défaut de réserve et de prudence dans ses rapports avec les familles et les autorités, — soit enfin pour son immixtion dans des questions étrangères à son service.

Quels que soient les motifs indiqués, l'instituteur a pour devoir d'en tenir compte et d'y répondre dans l'accusé de réception; non pas pour essayer de se disculper à nouveau, puisque vraisemblablement il l'a fait lors de la dernière visite de l'Inspecteur primaire, ou de l'enquête à laquelle sa conduite a pu donner lieu, mais *pour témoigner de son intention de se relever dans l'esprit de ses supérieurs par une plus stricte observation des obligations de sa charge, — une direction mieux comprise de son école, — un esprit de calme et de modération plus en rapport avec sa position d'instituteur.*

Il n'y a pas, en effet, de déshonneur à reconnaître ses torts, et à en manifester avec une certaine dignité un repentir sincère. Et lors même que l'Administration se montrerait trop sévère dans l'expression d'un blâme ou l'application d'une mesure disciplinaire, le mieux est encore d'accepter sans récriminer la situation que peuvent amener des circonstances où l'on n'est pas sans reproche, sauf à faire comprendre tacitement, par une attitude plus correcte et un travail plus soutenu, qu'on ne méritait pas d'être traité avec tant de rigueur. L'Administration, un instant induite en erreur, reviendra vite à une plus juste appréciation des vraies dispositions où l'on est, et adoucira d'elle-même la peine infligée.

La réponse de l'instituteur sera donc empreinte de ce calme et de ce tact qui seuls peuvent lui assurer un retour de confiance.

Le modèle suivant nous paraît satisfaire à cette exigence.

X..., le 25 Janvier 18...

Monsieur l'Inspecteur d'Académie,

Je m'empresse de vous informer que j'ai reçu, aujourd'hui, la lettre par laquelle vous voulez bien me faire connaître que, sur votre proposition, et par son arrêté du 23 janvier courant, M. le Préfet m'a nommé instituteur public à Livry.

La mesure que vous avez cru nécessaire de prendre à mon égard est une disgrâce ; ce m'est un devoir de l'accepter, parce que, par ma conduite irréfléchie, je l'ai malheureusement justifiée. Mais soyez convaincu, Monsieur l'Inspecteur d'Académie, que les circonstances m'inspirent la ferme résolution de me relever et de redevenir digne de votre sollicitude et de votre confiance. Désormais, tous mes efforts tendront uniquement vers le bien, et j'ai l'espoir qu'à l'avenir, vous n'aurez plus l'occasion de constater ces défaillances de zèle qui m'ont été si préjudiciables.

Conformément à vos prescriptions, je prends des mesures pour me rendre à mon nouveau poste à bref délai, et je me ferai un devoir de vous instruire, par l'intermédiaire de M. l'Inspecteur primaire de Melun, du jour de mon entrée en fonctions.

Daignez agréer, Monsieur l'Inspecteur d'Académie, l'hommage de mes sentiments les plus respectueux.

L'Instituteur de X..., nommé à Livry,

N...

Nous n'avons pas besoin de faire ressortir que le paragraphe relatif aux intentions de l'instituteur sera différent selon les faits qui ont motivé le changement de résidence, et en rapport avec les termes mêmes de la lettre d'avis.

Puisque nous avons abordé les deux questions de changement de résidence par avancement mérité et par mesure disciplinaire bien motivée, nous sommes tout naturellement amené à parler de ce que doivent faire les maîtres qui reçoivent, par lettre officielle, soit des félicitations et des encouragements, soit un avertissement, un blâme, une réprimande.

Dans l'un et l'autre cas, nous avons souvent vu des instituteurs s'abstenir de répondre — ou pour remercier, ou pour témoigner de leur désir d'effacer l'impression fâcheuse produite par des faits plus ou moins graves. Et cette abstention nous a paru déplorable.

Qu'une disposition chagrine, un sentiment douloureux,

une fausse honte même empêche d'écrire dans le cas d'un blâme reçu, cela se conçoit et s'excuse, à la rigueur. Mais qu'une lettre de félicitation demeure sans réponse, c'est inadmissible. Un tel oubli des convenances les plus élémentaires autorise le supérieur à conclure à un défaut complet de cœur et de jugement.

Aussi recommanderons-nous à nos lecteurs ces règles si simples de conduite :

1° *Remercier un supérieur qui daigne nous honorer de ses conseils et de ses encouragements ;*

2° *Nous montrer plein de déférence pour les critiques et les admonitions que nous avons méritées ; y répondre en affirmant la ferme intention de nous réhabiliter ;*

3° *Présenter dans une forme respectueuse notre justification, lorsque nous sommes l'objet d'appréciations erronées.*

A les suivre en toute occasion, ils gagneront d'être tenus pour hommes de dignité et de savoir-vivre.

Modèle n° 2. — Demande de changement de résidence.

Bien des motifs peuvent amener un instituteur à solliciter auprès de l'Inspecteur d'Académie un changement de résidence. Mais tous n'offrent pas un caractère d'opportunité ou de gravité qui les fasse prendre en considération. C'est pourquoi nous ne parlerons pas ici des démarches peu justifiées par lesquelles certains maîtres manifestent leur désir d'obtenir des situations de plus en plus lucratives. C'est le propre des impatients de toujours solliciter, soit directement, soit indirectement, par des influences étrangères au service auquel ils appartiennent. Ils connaissent le proverbe : « Demandez et vous recevrez », et ils demandent sans cesse, et toujours on demande pour eux. A ceux-là, nous dirons : « Attendez, et laissez à l'Administration le soin de décider du jour où elle pourra vous accorder un avancement proportionné à votre mérite. » Mais il se rencontre fréquemment des situations dignes d'intérêt, en raison desquelles il apparaît que l'Administration doive accueillir favorablement la démarche tentée auprès d'elle, qu'il s'agisse, ou non, d'avancement:

Ici, l'instituteur est tenu en échec par des influences locales s'exerçant uniquement au profit de son prédécesseur, sans que ni son zèle, ni la correction de son attitude puissent désarmer une opposition de parti pris.

Là, le Conseil municipal se refuse systématiquement à toute amélioration réclamée par un état réellement défectueux du local scolaire.

Ailleurs, le fonctionnaire est trop éloigné de ses vieux parents, qu'il lui est matériellement impossible d'aller consoler et soutenir par sa présence. Ou bien, il a des fils à qui il voudrait assurer la fréquentation, au titre d'externes, d'un collège ou d'un lycée.

Il arrive enfin qu'un maître, regrettant la légèreté de sa conduite, désire être éloigné d'une résidence où il ne se sent plus assez d'autorité pour rien faire d'utile.

— S'il est des hommes (d'ailleurs actifs et fermes dans l'accomplissement du devoir professionnel) que la lutte effraie, quand il s'agit des personnes, faut-il toujours les blâmer de leur désir de fuir ce qui cause leur découragement ? — Peut-on, d'autre part, se montrer sévère et refuser sa bienveillance à ceux que le sentiment profond d'une faute entraîne à s'éloigner du lieu où le souvenir en reste trop vivace ? — Ne doit-on pas encore applaudir à ces sentiments de piété filiale ou d'amour paternel qui déterminent parfois des instituteurs à abandonner une excellente situation pour donner satisfaction à des exigences toutes naturelles ?

Ceci entendu, occupons-nous de la rédaction de la demande.

Dans une première partie, l'intéressé exposera brièvement et avec modération les faits sur lesquels il fonde sa démarche; dans une seconde, il présentera nettement sa demande, en indiquant au besoin les conditions nouvelles qu'il recherche; dans une troisième, enfin, il fera appel, par quelques mots bien sentis et en vue d'un accueil très favorable, à la sollicitude de l'Inspecteur d'Académie. — Que si cet ordre n'est pas d'une rigueur absolue, il a du moins l'avantage de signaler les points indispensables à la clarté de la correspondance.

Mais il sera parfois difficile de mener la chose à bien. Comment, en effet, ne pas se laisser entraîner à donner trop de développement à l'exposé des faits, et éviter de se montrer passionné ? Comment ne pas mettre une vivacité inopportune dans ses instances ? Comment encore ne point peindre son découragement sous des couleurs exagérées ? Nous n'avons nullement la prétention de jalonner une route toujours sûre parmi tant d'écueils ; aussi nous bornerons-nous à dire, d'une manière générale : « *Soyez simple ; affirmez votre bonne volonté ; faites disparaître de votre lettre toute critique trop amère des personnes, tout blâme trop accentué des actes ; en un mot, montrez de la prudence et de la mesure.* »

Pour bien écrire la lettre qui nous occupe, il faudrait être saisi par le vif. « Expérience passe science », dit le proverbe. Aussi nos modèles seront-ils imparfaits, par cela même qu'ils s'appuieront sur des fictions.

Nous ferons de notre mieux, en nous plaçant :

1° Dans la situation la plus délicate, celle où le souvenir de l'ancien instituteur crée d'insurmontables difficultés ;

2° Dans celle d'un jeune maître que sa légèreté d'esprit et de conduite a déconsidéré ;

3° Enfin, dans celle d'un instituteur éloigné de ses vieux parents, qui désire se rapprocher de ceux-ci dès qu'une occasion favorable se présentera.

Premier cas. — Un instituteur, tenu en échec par des influences locales s'exerçant uniquement au profit de son prédécesseur, sollicite son changement de résidence, après deux ans d'exercice dans la commune.

Noisy, le 25 Février 18...

Monsieur l'Inspecteur d'Académie,

Lorsque, il y a bientôt deux ans, j'ai été nommé instituteur à Noisy, je me suis trouvé, vous le savez, dans une situation fort délicate.

Mon prédécesseur, par suite de circonstances qu'il

ne m'appartient pas d'apprécier, venait de recevoir son changement. Mais il avait conservé dans la localité des sympathies tellement vives que son successeur immédiat devait nécessairement rencontrer de sérieuses difficultés.

C'est, en effet, ce qui s'est produit.

Un assez grand nombre de pères de famille, froissés de la mesure arrêtée malgré leurs démarches, ont, pendant tout le trimestre d'été, gardé leurs enfants à la maison, les privant ainsi des soins du nouvel instituteur, quelques efforts que celui-ci apportât dans la direction de sa classe, quelques instances qu'il fît, directement ou indirectement, pour vaincre cette opposition de parti pris.

Contraintes, en septembre 1892, de céder aux injonctions de la Commission scolaire, les mêmes personnes ne cessent pas, depuis lors, de critiquer, devant leurs fils, les leçons et la manière d'agir du maître, et neutralisent absolument tout le bien que celui-ci voudrait assurer.

D'un autre côté, les autorités locales, dont le cordial appui devrait être acquis à l'instituteur, semblent faire cause commune avec ses adversaires, en n'accueillant que très froidement les doléances qu'il est amené à leur présenter.

Soyez persuadé, Monsieur l'Inspecteur d'Académie, que je n'ai rien épargné pour me concilier l'estime et la confiance de tous. En me désignant pour le poste de Noisy, vous m'aviez adressé quelques conseils : je les ai scrupuleusement suivis.

Et pourtant, après deux années d'efforts, la situation ne s'améliore pas ; les résistances auxquelles je me heurte sont tenaces au point que je doute d'en jamais triompher, et que je me décourage.

C'est pourquoi je prends aujourd'hui la liberté de venir solliciter auprès de vous un changement de résidence. Les préoccupations d'une bonne direction d'école sont assez vives, sans qu'il s'y joigne les ennuis d'une lutte constante contre des antipathies que l'on sait n'avoir point soulevées personnellement.

J'ose espérer que vous daignerez, Monsieur l'Inspecteur d'Académie, me tenir compte de ma bonne volonté, et donner une suite favorable à la demande que j'ai l'honneur de vous soumettre.

Daignez agréer, Monsieur l'Inspecteur d'Académie, l'hommage de mes sentiments les plus respectueux.

L'Instituteur public de Noisy,

HERBULOT.

2ᵉ CAS. — **Un jeune instituteur titulaire, non marié, a compromis sa situation par la légèreté de son caractère et par des imprudences de conduite. Revenu à de meilleures dispositions, grâce aux avis bienveillants de l'Administration, aux conseils et aux reproches affectueux de sa famille, il veut se relever dans l'estime de tous. Mais il craint que le souvenir de ses imprudences ne nuise à l'efficacité de son retour au bien, et il désire s'éloiguer d'une localité où son action ne peut plus s'exercer heureusement.**

Herbigny, le 12 avril 18...

MONSIEUR L'INSPECTEUR D'ACADÉMIE,

Vous aviez bien voulu, alors que je comptais à peine quatre années d'exercice en qualité d'instituteur adjoint, me confier la direction de l'école d'Herbigny. Je devais, pour vous témoigner ma reconnaissance, remplir ma tâche avec zèle et garder, en toute occasion, une conduite irréprochable.

Malheureusement mon inexpérience de la vie et une

certaine présomption m'ont fait oublier les obligations auxquelles j'étais tenu. En trop de circonstances,
vous l'avez appris, ma conduite a été imprudente ; souvent aussi, mon langage a manqué de réserve, de
mesure et de réflexion ; et la légèreté de mon caractère
m'a fait perdre, avec l'estime des familles, tout crédit
auprès des autorités locales. Un projet de mariage,
préparé par mes parents, a été rompu par suite de
cette situation.

Déjà vos bienveillantes observations m'ont rappelé au
sentiment d'une dignité plus grande. M. le Directeur de
l'École normale, instruit par vous de la position dans
laquelle je m'étais placé, a réveillé en moi, par des
conseils empreints de l'intérêt le plus vif, la notion du
devoir ; et la sollicitude affectueuse de ma famille, que
j'avais affligée et dont je m'étais attiré les justes
reproches, m'a ramené à de meilleures dispositions. Je
comprends, aujourd'hui, qu'il me faut racheter mes
imprudences et mes légèretés par une vie toute d'activité et de bon exemple.

Mais les personnes dont j'aurais dû me concilier les
sympathies et que mes actes ou mes paroles ont
éloignées de moi ; celles encore dont j'ai suivi les
fâcheux errements, ou que j'ai associées à mes fautes,
croiront-elles à la sincérité de mes nouvelles résolutions ? Pourrai-je, dans ma résidence actuelle, assurer
mon relèvement et exercer sur mes élèves une action
plus féconde en heureux résultats ? Je n'ose l'espérer,
et ne vois guère de parti à prendre que de fuir un
milieu où tout me reprochera mon passé.

Permettez-moi donc, Monsieur l'Inspecteur d'Académie, d'insister auprès de vous pour obtenir, à bref
délai, un changement de résidence. Ailleurs, il me sera
possible de vous donner des preuves sérieuses de mon

retour au bien ; ici, j'aurai trop à faire pour lutter contre des habitudes prises, pour rompre des relations regrettables, pour résister aux entraînements d'autrefois et me réhabiliter aux yeux de tous.

Daignez agréer, Monsieur l'Inspecteur d'Académie, l'hommage de mes sentiments les plus respectueux.

L'Instituteur public d'Herbigny,

LEFEBVRE.

3ᵉ Cas. — Un instituteur de première classe sollicite un changement de résidence qui le rapproche de ses vieux parents.

Misy, le 18 Juillet 18...

MONSIEUR L'INSPECTEUR D'ACADÉMIE,

Depuis dix ans, j'exerce les fonctions d'instituteur à Misy, où j'ai obtenu de la bienveillance de l'Administration une mention honorable et une médaille de bronze.

Je n'aurais qu'à me féliciter d'une situation dans laquelle les sympathies et les encouragements m'ont rendu la tâche facile, et j'eusse été heureux de m'y maintenir jusqu'au moment de la retraite.

Mais des considérations de famille me font désirer de me rapprocher de Dammartin, mon village natal. Mes vieux parents y vivent seuls, mon frère et ma sœur ayant des intérêts qui les tiennent également éloignés, et ce n'est qu'à de longs intervalles qu'ils peuvent réunir leurs enfants.

Permettez-moi donc, Monsieur l'Inspecteur d'Académie, de venir solliciter de votre bienveillance ma nomination à un poste voisin de Dammartin, si modeste qu'il soit.

Dans ces conditions, il me serait possible de profiter, de temps à autre, ou de mes loisirs ou de mes jours de congé, pour porter à des vieillards le secours que réclament leur âge et leur situation ; ils sont septuagénaires et hors d'état de s'occuper personnellement de leurs intérêts.

Les motifs sur lesquels je prends la liberté d'appuyer ma demande vous disposeront, j'en suis convaincu, à l'accueillir favorablement. Serait-ce me montrer importun que de vous prier, Monsieur l'Inspecteur d'Académie, de vouloir bien tenir compte des services que je puis avoir rendus par le passé ?

Daignez agréer, Monsieur l'Inspecteur d'Académie, l'hommage de mes sentiments les plus respectueux.

L'Instituteur public de Misy,

ROGISSART.

MODÈLE N° 3. — **Lettre d'envoi à l'Inspecteur primaire de l'arrondissement d'un Rapport que l'on veut présenter au Conseil municipal sur le mobilier scolaire et le matériel d'enseignement, dont l'insuffisance est réelle, pour solliciter l'approbation de ce rapport et l'intervention de l'Inspecteur auprès des autorités locales.**

Toutes les fois que l'on a à transmettre à un supérieur une pièce ou un travail écrit quelconque, il convient d'y joindre une lettre d'envoi.

Le caractère essentiel de cette lettre, c'est la brièveté. On y doit néanmoins rappeler que l'envoi est fait, soit en conformité d'une disposition réglementaire, soit en réponse à une demande du supérieur, soit par suite d'une circonstance particulière qui a amené à en prendre l'initiative. Dans ce dernier cas, il y a lieu d'exposer clairement le fait en raison duquel on a cru devoir s'occuper de la question traitée au rapport.

Si le travail avait pour conclusions telles ou telles mesures à obtenir du supérieur, il serait nécessaire de disposer celui-ci à les vouloir bien prendre, et cela, dans un paragraphe spécial.

Ces principes admis, l'on comprendra parfaitement que la lettre dont nous nous occupons ici comporte trois parties principales.

Dans la première, l'instituteur annonce l'envoi d'un rapport sur l'état du mobilier scolaire et du matériel d'enseignement; il fait connaître, en même temps, que ce rapport est destiné à être soumis par le Maire au Conseil municipal, en vue du vote des ressources indispensables pour réaliser les améliorations indiquées.

Dans la seconde, l'instituteur informe l'Inspecteur primaire de ses démarches auprès des autorités locales, ainsi que des dispositions plus ou moins favorables où se trouvent ces dernières.

Dans la troisième enfin, il sollicite l'intervention de son chef, tout naturellement indiquée par la situation, et dont l'efficacité lui paraît certaine.

La rédaction de cette lettre n'offre point, à vrai dire, de difficulté. Les idées essentielles ressortent de l'exposé qui précède, et les idées secondaires en découlent si aisément que nous croyons inutile d'insister davantage sur le développement du sujet.

Voici la lettre :

Sourdun, le 9 Décembre 18...

Monsieur l'Inspecteur,

Conformément à vos instructions, j'ai l'honneur de vous adresser le Rapport que je me propose de présenter à M. le Maire de Sourdun sur la situation du mobilier scolaire et du matériel d'enseignement, et sur les moyens de l'améliorer. Ce rapport doit être lu au Conseil municipal, dans une prochaine réunion.

Déjà, je me suis efforcé de faire comprendre à M. le Maire et à MM. les Membres du Conseil l'importance réelle et l'urgence des améliorations à introduire. Mes démarches ont quelque chance d'aboutir. Néanmoins, si plusieurs conseillers municipaux se montrent disposés à voter immédiatement les ressources nécessaires, d'autres, et, avec eux, M. le Maire, désireraient n'arriver que progressivement à modifier l'état de choses actuel. Dans ce dernier cas, la solution complète serait retardée jusqu'en 18...

Vous connaissez depuis longtemps la situation, et vous avez bien voulu, Monsieur l'Inspecteur, vous en préoccuper.

L'approbation que je prends la liberté de solliciter de vous pour le rapport ci-joint pèserait d'un grand poids dans la délibération qui sera prise, à très brève échéance, par le Conseil; et si vous jugiez utile et opportun d'intervenir, par une lettre spéciale, auprès de M. le Maire, je suis convaincu que vos observations et vos instances personnelles détermineraient celui-ci à accueillir favorablement mes conclusions.

Veuillez agréer, Monsieur l'Inspecteur, l'hommage de mon respectueux dévouement.

L'Instituteur public de Sourdun,

DARRAS.

MODÈLE N° 4. — Demande formée auprès de l'Inspecteur d'Académie ou du Ministre — à l'effet d'obtenir une allocation sur les fonds du Ministère, ou sur les fonds votés par le Conseil général, soit pour l'installation d'appareils de gymnastique, soit pour l'organisation de la bibliothèque scolaire, soit pour l'acquisition de matériel pour l'enseignement par l'aspect, etc.

Il existe au budget du Ministère de l'Instruction publique des crédits spéciaux destinés à favoriser et à encourager la création et l'entretien des bibliothèques scolaires, et l'acquisition du matériel d'enseignement. Pour les mêmes objets, la plupart des Conseils généraux inscrivent au budget départemental des allocations plus ou moins considérables devant être réparties annuellement entre les communes dont les ressources sont insuffisantes.

Le plus fréquemment, c'est le Maire qui forme auprès du Ministre ou du Préfet la demande d'allocation que les intérêts de l'école peuvent amener à produire. Parfois, cependant, c'est l'instituteur lui-même qui, plus au courant de la question, la présente à l'Inspecteur d'Académie.

Mais, que ce soit le Maire ou l'Instituteur qui sollicite, dans la majorité des cas, c'est au dernier qu'incombe la rédaction, à cette différence près que, dans l'hypothèse de son intervention personnelle, sa lettre est complétée par une apostille du Maire.

S'il s'agit de la répartition des fonds du Ministère, la demande doit être adressée au Ministre ; mais la transmission en est habituellement faite par l'intermédiaire de l'Inspecteur d'Académie ou du Préfet, qui l'appuient, s'il y a lieu, de leur avis favorable. — Quant à la répartition des fonds votés par le Conseil général, c'est à l'Inspecteur d'Académie qu'il convient d'adresser la demande, ce fonctionnaire étant spécialement chargé de soumettre au Préfet des propositions pour que cette répartition soit réglée conformément aux intentions du Conseil général et aux besoins plus ou moins urgents des communes.

Comme les motifs invoqués de part et d'autre sont identiques, et que la forme ne diffère pas sensiblement, nous nous bornerons à supposer que la démarche est due à l'initiative de l'instituteur.

La lettre dont il s'agit n'offre aucune difficulté dans sa rédaction. Il suffit, en premier lieu, de bien exposer la situation actuelle de l'école, en ce qui est de l'objet spécial de la demande, et de formuler quelques considérations générales propres à mettre bien en relief l'importance de la question à laquelle cette demande se rapporte. En second lieu, il faut indiquer avec précision ce que l'on désire obtenir, en motivant pour chaque objet, ou pour des groupes d'objets, la nécessité de l'introduction dans l'école, et en s'inspirant, à cet effet, des catalogues dressés par l'Administration. Il importe, en troisième lieu, de faire connaître d'une manière exacte, soit les ressources à prélever sur le budget communal, soit celles qu'on a rassemblées à la faveur d'une souscription ou qui résultent d'une donation particulière.

Dans les conclusions, on fera appel à la bienveillante sollicitude du Ministre ou de l'Inspecteur d'Académie pour les intérêts scolaires, et on les priera de vouloir bien comprendre l'école dans la répartition des fonds dont le Ministère ou le Département disposent.

Toute demande adressée au Ministre sera accompagnée d'une lettre d'envoi à l'Inspecteur d'Académie, pour laquelle notre modèle précédent pourra être utilement consulté.

La lettre au Ministre sera simple. Pas de phrases; un exposé concis de la situation, des besoins et des ressources. Les considérations générales du début ne devront point constituer une sorte de mémoire sur la question, que le destinataire connaît parfaitement. Les conclusions résumeront les motifs sur lesquels on fonde sa requête.

Examinons, pour être bien compris de nos lecteurs, un des cas prévus dans cette étude.

Un instituteur sollicite du Ministre de l'Instruction publique une concession d'appareils de gymnastique.

La question de l'éducation physique préoccupe vivement tous les esprits. Par maintes dispositions, le gouvernement a décidé le principe de l'introduction obligatoire des exercices de gymnastique dans les écoles primaires; des arrêtés ministériels ont déterminé les limites et la direction à donner à ces exercices; des programmes ont été publiés; des catalogues d'appareils ont été dressés; enfin, des allocations spéciales ont été inscrites au budget du Ministère de l'Instruction publique pour encourager la création et le développement des gymnases scolaires.

Les efforts des instituteurs doivent donc tendre à organiser, auprès de leurs écoles, ces gymnases dont l'importance est reconnue de tous et dont l'efficacité est des plus réelles.

Sans doute, ils rencontreront des obstacles dans l'inertie des populations, dans la pénurie des ressources communales. Mais qu'ils méditent les lignes suivantes, que nous empruntons au *Livre du Petit Citoyen*, de Jules Simon :

« ..... Rien ne vaut les habitudes d'enfance. Les exercices
« du corps sont tout aussi utiles que ceux de l'esprit, et
« contribuent tout autant à former la volonté. Les enfants
« les aiment comme les jeunes gens, peut-être davantage;
« ils y réussissent aussi bien, et le temps qu'ils y emploient
« n'est pas un temps perdu, puisqu'ils le passeraient à s'amu-
« ser d'une autre manière. »

Ils y trouveront les principaux arguments propres à
vaincre les résistances locales.

Qu'ils commencent par les exercices et les mouvements de
pied ferme : mouvements et flexions de la tête, des bras, des
jambes; marches, sauts, etc., et bientôt la nécessité d'appareils auxiliaires se fera sentir autour d'eux. De simples
bâtons, coupés dans le bois voisin, suppléeront aux cannes à
sphères; les mils et les haltères s'introduiront sous une
forme rustique; l'échelle du jardin sera mise à contribution.
Le jour où certains progrès se seront affirmés, les enfants et
les familles même réclameront un complément d'exercices
auxquels on ne peut arriver que par l'installation d'agrès
particuliers. Ce jour-là, l'instituteur sera parvenu au
but désiré : il aura convaincu la population de l'heureuse
influence des exercices corporels réguliers; il obtiendra le
concours de tous pour la réalisation des intentions de l'Administration supérieure. Quelques démarches auprès du Maire
et du Conseil municipal lui vaudront le vote des premiers
frais d'installation, peut-être même la construction d'un
hangar couvert, où les appareils pourront être suspendus.
Et alors, il sera naturellement amené à solliciter du Ministre
la concession du matériel, grâce auquel son gymnase recevra
toute l'extension désirable.

La lettre de l'instituteur au Ministre pourrait donc, mais
en très peu de mots, rappeler cet historique habituel de la
création des gymnases scolaires : ce serait la meilleure des
recommandations auprès de l'Administration centrale, qui se
ferait un plaisir et un devoir d'encourager, par la concession
demandée, les efforts du maître et les sacrifices de la
municipalité.

Mais où cet historique devrait être présenté avec plus de
développements, c'est dans la lettre d'envoi à l'Inspecteur
d'Académie. Il est indispensable, en effet, que ce fonction-

naire soit instruit de tous les détails de la question pour
pouvoir donner son avis favorable en pleine connaissance
de cause, et intervenir efficacement auprès du Ministre.

La liste des appareils et agrès à introduire serait établie,
d'autre part, sur une feuille spéciale, de même format que
la lettre. Il y aurait avantage à ce que le Maire l'apostillât
lui-même, en mentionnant les ressources créées par le vote
du Conseil municipal.

Voici la demande et la liste dont il s'agit :

A Monsieur le Ministre
de l'Instruction publique et des Beaux-Arts.

Monsieur le Ministre,

Il y a deux ans, lors de ma nomination au poste
d'instituteur public de Perthes, je songeai à organiser
dans mon école l'enseignement de la gymnastique, que
la loi rend obligatoire. Je dus, dans le principe,
restreindre mes leçons aux exercices et aux mouvements les plus élémentaires; plus tard, j'improvisai
quelques instruments simples à l'aide desquels il
me devint possible de suivre un programme moins
incomplet.

Les familles, qui s'étaient tout d'abord montrées
quelque peu opposées à l'introduction de la gymnastique à l'école, furent bientôt frappées de l'ardeur et
du goût que manifestaient les enfants pour les exercices
du corps, et de l'influence que ces exercices produisaient
sur certaines de leurs habitudes. Elles acquirent la
conviction que le temps employé à la gymnastique
n'était pas perdu.

Ces dispositions plus favorables m'inspirèrent la
pensée de solliciter du Conseil municipal, par l'intervention de M. le Maire, un vote de fonds pour l'établissement d'un véritable gymnase scolaire.

Le Conseil a bien voulu accueillir ma demande. Mais les ressources du budget communal sont des plus restreintes ; elles ne pourraient suffire seules, et à l'installation du gymnase sous un hangar couvert et à l'acquisition des appareils les plus simples dont la nécessité se fait sentir. Aussi, après avoir créé les ressources réclamées par l'appropriation du hangar, le Conseil a-t-il exprimé le vœu qu'il fût fait appel à votre bienveillante sollicitude pour la concession gracieuse des objets destinés à compléter l'installation projetée.

C'est pourquoi je prends aujourd'hui la liberté de former auprès de vous, Monsieur le Ministre, une demande tendant à obtenir la concession des appareils inscrits sur la liste ci-jointe, qui vous parviendra, j'ose l'espérer, avec l'avis favorable de M. l'Inspecteur d'Académie.

Les appareils improvisés dont j'ai fait d'abord usage étaient mal confectionnés ; les barres à sphères, les mils et les haltères, destinés à les remplacer, seront plus en rapport avec l'âge et les forces des enfants. Quant aux échelles, aux cordes, aux perches, aux chevalets, etc., je n'ai pas à en faire ressortir l'utilité pratique pour motiver leur inscription sur la liste que j'ai l'honneur de vous transmettre.

L'importance que vous attachez au développement des exercices de gymnastique dans les écoles primaires ; leur influence incontestable à tous les points de vue ; l'intérêt tout particulier avec lequel vous voulez bien encourager les efforts individuels dans une question qui vous préoccupe si vivement ; tout me fait espérer que vous daignerez, Monsieur le Ministre, prendre en considération les sacrifices que s'impose le Conseil municipal de Perthes pour la réalisation d'un projet aussi utile, et accorder à l'école de cette commune la concession d'appareils que les circonstances m'amènent à vous demander personnellement.

Je suis, avec le plus profond respect,
Monsieur le Ministre,
votre très humble et très dévoué serviteur.

L'Instituteur public de Perthes,

MAILLARD.

Perthes, le 25 Octobre 18...

Liste des appareils de gymnastique dont la concession est sollicitée de M. le Ministre de l'Instruction publique, pour l'école publique de garçons de la commune de Perthes.

Nature et nombre des appareils.	OBSERVATIONS
1° Une échelle horizontale de 5 mètres ; 2° Un sautoir avec niveau et cordeau ; 3° Etc., etc.	

(Écrire ici l'avis motivé du maire)   *Dressé par l'Instituteur soussigné :*

MAILLARD.

Perthes, le 25 Octobre 18...

MODÈLE N° 5. — Demandes de congés.

Les absences et les congés des instituteurs sont prévus par le règlement des écoles. Voici l'article spécial s'y rapportant :

« Art. 23. — L'instituteur ne pourra ni intervertir les jours de
« classe, ni s'absenter, sans y avoir été autorisé par l'Inspecteur
« primaire, et sans avoir donné avis de cette autorisation aux
« autorités locales.

« Si l'absence doit durer plus de trois jours, l'autorisation de
« l'Inspecteur d'Académie est nécessaire.

« Un congé de plus de quinze jours ne peut être donné que par le
« Préfet. Dans les circonstances graves et imprévues, l'instituteur
« pourra s'absenter, sans autre condition que de donner immédia-
« tement avis de son absence aux autorités locales et à l'Inspecteur
« primaire. »

Rien de plus simple à écrire que les lettres dont l'envoi
est prescrit par cet article.

Exposer le fait qui amène à solliciter un congé, de la
manière la plus brève et la plus claire; indiquer le nombre
de jours que doit nécessairement durer l'absence; proposer
parfois telle ou telle combinaison qui permette, ou de ne
pas interrompre la direction de la classe, ou de dédommager
les enfants du temps que des motifs impérieux leur font
enlever; enfin, mentionner que les autorités locales seront
avisées de l'autorisation obtenue : tel en est le cadre
essentiel.

Lorsque des circonstances imprévues et d'une gravité réelle
imposent à l'instituteur un départ immédiat, la lettre à
adresser à l'Inspecteur primaire doit évidemment renfermer
des indications assez détaillées sur les faits justifiant
l'urgence de l'absence; en outre, il y faut mentionner qu'on
a averti le Maire et spécifier les mesures qu'on a prises pour
ne pas laisser son service en souffrance. Enfin, si l'on prévoit
que l'absence puisse se prolonger plus de trois jours, c'est à
l'Inspecteur d'Académie lui-même qu'on s'adressera, mais
la lettre sera transmise par l'intermédiaire de l'Inspecteur
primaire. Dans l'un et l'autre cas, on sollicitera l'approbation de sa conduite.

Il va sans dire que lorsque la demande de congé est formée
auprès de l'Inspecteur d'Académie, une lettre d'envoi doit
être adressée à l'Inspecteur primaire, pour le prier d'en
faire la transmission et d'y joindre son avis favorable.

Si les motifs de la demande de congé ont un caractère
d'opportunité tel que la prise en considération n'en fasse
aucun doute, il n'est pas indispensable de les développer
longuement; il suffit de les indiquer en peu de mots et sans
commentaires, la démarche n'étant, en pareille occasion,
qu'une mesure d'ordre et de convenance hiérarchique. Mais

s'ils n'offrent qu'une importance secondaire, ils faut les exposer de telle manière qu'ils puissent être exceptionnellement acceptés. Les congés, qu'on ne l'oublie pas, sont toujours une cause de désorganisation plus ou moins profonde des écoles, et l'Administration a pour devoir de ne pas les prodiguer, à titre de faveurs.

Nous donnons, ci-après, deux modèles.

1° Un instituteur est invité au mariage de sa sœur, qui doit avoir lieu un mercredi, dans une commune assez éloignée; il sollicite un congé de quatre jours.

Vimpelles, le 2 Novembre 18...

Monsieur l'Inspecteur d'Académie,

L'une de mes sœurs se marie, le 15 novembre courant, à Puisieux, où demeure ma famille. Je ne puis évidemment me dispenser d'assister à ce mariage.

C'est pourquoi je prends la liberté de solliciter auprès de vous un congé de quatre jours au moins, du mardi 14 au vendredi 17 novembre y compris, l'éloignement où je me trouve de Puisieux me demandant un jour de voyage à l'aller comme au retour.

Pour ne point laisser en souffrance la direction de l'école, je vous serais reconnaissant de m'autoriser à la confier au jeune Gramain, mon ancien élève, qui est sorti, en juillet dernier, de l'École normale, et qui présente, vous le savez, toutes garanties d'aptitude et de bon vouloir.

Dans le cas où cette combinaison ne pourrait recevoir votre assentiment, je vous prierais, Monsieur l'Inspecteur d'Académie, de vouloir bien me permettre de faire classe, le jeudi matin, à partir du 9 novembre jusqu'au 10 décembre, pour dédommager les enfants de la perte de temps qu'occasionnerait mon absence.

J'ose espérer que vous daignerez, Monsieur l'Inspecteur d'Académie, accueillir favorablement la demande que les circonstances me font un devoir de vous adresser.

Conformément aux dispositions réglementaires, je donnerai avis de votre autorisation à M. le Maire de Vimpelles.

Veuillez agréer, Monsieur l'Inspecteur d'Académie, l'hommage de mon profond respect.

L'Instituteur public de Vimpelles,

COCHARD.

2° **Un instituteur est demandé pour être le parrain du fils de l'un de ses camarades d'école normale. Le baptême doit avoir lieu un dimanche ; mais l'éloignement ne permettra pas de faire le voyage dans la même journée. Il sollicite un congé pour le lundi. (Lettre adressée à l'Inspecteur primaire.)**

Vulaines, le 12 Avril 18...

MONSIEUR L'INSPECTEUR,

Un de mes anciens camarades d'école normale, instituteur à Champeaux, me demande d'être le parrain de son enfant. Le baptême aurait lieu le dimanche 22 avril courant. Nous serions tous deux très heureux de fortifier par un nouveau lien les relations d'amitié qui nous unissent depuis longtemps.

Avant de lui répondre, je prends la liberté de solliciter auprès de vous l'autorisation de ne pas faire classe, le lundi 23 avril : il ne me serait pas possible, eu égard à la circonstance, d'effectuer mon voyage en un seul jour.

Si rien ne s'y opposait, je reporterais les classes du

lundi au joudi suivant. De la sorte, mes élèves ne perdraient aucune leçon.

Permettez-moi d'espérer, Monsieur l'Inspecteur, que vous voudrez bien prendre en considération les motifs de ma demande, et m'accorder le congé qui me serait nécessaire pour répondre aux désirs pressants d'un ami.

Je donnerai, en temps opportun, avis de votre autorisation à M. le Maire de Vulaines.

Veuillez agréer, Monsieur l'Inspecteur, l'hommage de mon respectueux dévouement.

L'Instituteur public de Vulaines,

TURQUIN.

Modèle N° 6. — **Réponse d'un instituteur à qui l'Inspecteur primaire rappelle par écrit les observations qu'il lui a faites verbalement, lors d'une récente visite, sur ce que présentaient de défectueux, à divers points de vue, la tenue de son école, la direction de son enseignement et sa conduite personnelle.**

Mentionnons, tout d'abord, les observations adressées par l'Inspecteur. Nous les supposerons nombreuses et très importantes, dans le seul but de donner à nos conseils le plus de précision et d'efficacité possible.

a) Selon l'Inspecteur, la tenue matérielle de l'école laisse à désirer : l'aération de la salle de classe est mal assurée ; les tables, d'un modèle très imparfait, sont en nombre insuffisant ; les tableaux de lecture et d'histoire, en mauvais état ; les cartes de géographie, trop rares. Pas de collections en nature pour l'enseignement du système métrique ; bibliothèque scolaire extrêmement pauvre.

Sous ce rapport, tout ce qui est défectueux ne saurait être imputé à l'instituteur ; mais celui-ci a-t-il fait les démarches nécessaires pour modifier la situation ?

b) L'Inspecteur ne s'explique pas la disproportion constatée dans le nombre des élèves des différents cours. Il regrette

4

que le développement des programmes ne progresse qu'avec une extrême lenteur : au cinquième mois de l'année (février), on devrait avoir atteint, sinon dépassé, dans chaque division, la moitié du travail ; on en a à peine terminé le quart. Enfin, il ne saurait approuver la substitution de leçons de calcul à certaines leçons de lecture dans le cours élémentaire.

c) L'Inspecteur critique l'organisation disciplinaire : l'autorité du maître manque d'énergie et d'efficacité ; on observe, chez les élèves, une tendance à la dissipation ; les changements d'exercice donnent lieu à un véritable tumulte. D'autre part, plusieurs enfants n'acceptent pas avec toute la déférence désirable les observations qu'on leur adresse : des murmures, et parfois des paroles peu respectueuses.

Situation déplorable, à laquelle il faut remédier au plus tôt.

d) L'enseignement est, en général, assez bien compris ; mais l'Inspecteur le voudrait voir plus animé. — En français : explications du sens des mots trop sèches ; comptes rendus de lectures incomplets et ternes ; pas assez de morceaux appris par cœur ; d'où : des rédactions défectueuses de fond et de forme. L'étude de la langue est donc à fortifier. — Par contre, il y a lieu de craindre que l'instituteur n'attache une trop grande importance au calcul, et qu'il ne fasse de l'arithmétique aux dépens des autres matières. — Enfin, les leçons de choses sont dépourvues d'intérêt, en ce sens que les « choses » y font défaut. Ne pourrait-on pas suppléer à l'absence des objets par des dessins au tableau noir ?

e) L'Inspecteur relève quelques faits qui pourraient créer au maître de très sérieuses difficultés. Ce dernier ne se préoccupe pas assez de rechercher l'appui des parents pour la réforme des caractères et la surveillance du travail : tort grave. En outre, il semble oublier, dans ses rapports avec les autorités locales, cette déférence que sa situation réclame nécessairement : façon d'être et d'agir d'autant plus regrettable qu'il aura bientôt à solliciter un vote de fonds en vue des améliorations signalées au début de la lettre.

f) Le maître est donc, à divers points de vue, dans une fausse voie. L'Inspecteur, qui sait qu'il peut mieux faire, s'adresse à son bon vouloir — dont il a, d'ailleurs, donné des preuves en plusieurs occasions. Il l'engage à songer plus sérieusement aux multiples obligations de sa charge, et à se concilier, dans sa résidence, des sympathies qui tendent à s'éloigner de lui. Il exprime l'espoir que son appel sera entendu, et demande que l'instituteur lui fasse connaître, par une prompte réponse, les résolutions auxquelles il se sera arrêté.

La réponse à faire est, sans contredit, des plus délicates. Les observations critiques, en effet, s'acceptent difficilement; elles froissent habituellement l'amour-propre; parfois même, elles aigrissent l'esprit lorsqu'elles sont formulées avec trop de sévérité.

Comment, dès lors, ne pas laisser percer, dans la réponse demandée, les sentiments qui nous animent et qui nous disposent si mal à tenir compte de tout conseil? Comment notre présomption pourra-t-elle consentir à concevoir et à envisager les choses autrement que nous ne les avons envisagées et conçues par le passé? Faudra-t-il faire le sacrifice de nos propres inspirations sur des questions où notre action nous paraissait puissante pour le succès? Mais, d'autre part, nous sera-t-il possible de ne pas déférer aux désirs d'un supérieur qui veut bien nous donner des avis pour que notre œuvre soit en parfaite concordance avec ses intentions?

Il est un moyen de concilier, à la fois, et le sentiment trop intime que l'on peut avoir de sa valeur personnelle et la déférence dont on veut faire preuve vis-à-vis de l'Inspecteur, qui s'inspire des intérêts généraux du service plus encore que des intérêts particuliers de ses subordonnés.

C'est, en premier lieu, de rechercher si, parmi les observations reçues, il n'en est pas qui aient été amenées par l'erreur où l'on était quant à la mise en pratique de telle ou telle prescription réglementaire; — c'est, en second lieu, de méditer sérieusement sur les observations ayant trait à l'intelligence et à l'emploi des procédés d'enseignement, pour s'assurer que l'on n'est point en contradiction avec les principes de la méthode; — c'est, en troisième lieu, de se convaincre si, en toutes choses, on a tenu compte des dispositions des enfants, si les directions données ont été accessibles à tous et sont restées dans les limites nécessaires; — c'est, enfin, de bien examiner si, par quelque négligence involontaire, par une certaine nonchalance, ou même par un laisser-aller regrettable, on n'a pas compromis la situation, et si l'on n'a pas mérité un blâme, soit pour sa manière d'agir, soit pour l'insuffisance des résultats constatés.

La lettre de l'instituteur devra donc refléter cet examen qu'il aura fait aussi impartialement que s'il s'agissait d'un autre que lui : il saura reconnaître ses défaillances et ses erreurs ; il se fera une stricte obligation de se mieux inspirer et de donner à ses efforts une plus grande efficacité ; il s'éclairera sur toutes les questions où son aptitude se sera montrée insuffisante ou inhabile, et il cherchera à donner satisfaction aux justes exigences d'une situation qu'il n'avait étudiée et comprise que d'une manière incomplète.

Mais il se pourrait que, relativement à divers objets, et contrairement à l'opinion de l'Inspecteur, le maître eût quelque raison de croire à la valeur de ses moyens pédagogiques. En pareille circonstance, il s'efforcerait de provoquer un jugement plus favorable des choses. Après avoir respectueusement accepté les observations faites à l'occasion de ce dont la défectuosité est hors de conteste, s'être montré reconnaissant des conseils de son chef et avoir affirmé sa ferme volonté de les mettre en pratique, il présenterait sa justification. Celle-ci serait d'autant mieux accueillie que l'instituteur saurait s'y montrer à la fois modeste et digne, et qu'il en bannirait toute expression de nature à faire penser à un dessein quelconque d'imposer sa propre manière de voir.

Spécifions davantage, au risque d'être long. La question, nous l'avons dit, est très délicate : elle vaut d'être entièrement élucidée.

C'est surtout dans une telle réponse qu'il faut suivre, paragraphe par paragraphe, détail par détail, la lettre de l'Inspecteur primaire. On y développera brièvement les idées servant à établir que l'on comprend la justesse des critiques sur les points où l'on est réellement en défaut. On reconnaîtra franchement s'être trompé dans l'application de tel ou tel procédé d'enseignement, dans l'interprétation de telle ou telle disposition réglementaire. On s'efforcera de convaincre, le cas échéant, que l'on a quelque raison de persévérer dans la voie suivie, à divers égards, et l'on donnera à sa pensée une forme propre à faire accepter les motifs sur lesquels on s'appuie.

S'agit-il de l'organisation matérielle de l'école? On appellera l'attention sur tout ce qui existe, en faisant ressortir les choses convenables et celles qui ne répondent que peu ou point aux besoins de la situation ; on parlera de ce qu'il est utile d'introduire à nouveau, des circonstances qui se sont opposées à toute amélioration, des résistances que l'on a rencontrées, des démarches que l'on a tentées pour réaliser un mieux nécessaire.

S'agit-il de l'organisation générale de la classe, répartition des élèves, programmes, distribution du temps et du travail, succession des exercices? on exposera, à grands traits, comment on a conçu cette organisation pour la rendre conforme aux instructions officielles; quelles circonstances ont amené à s'écarter des règlements ; dans quelles dispositions on se trouve pour donner satisfaction aux observations reçues, en même temps qu'aux exigences d'une situation toute locale.

S'il était question de discipline, on devrait faire entendre que l'on a toujours eu l'intention de s'inspirer des principes sur lesquels se doit fonder une action vraiment féconde ; on parlerait des difficultés qu'opposent aux influences disciplinaires, et les habitud' . . . les, et les dispositions particulières des enfants, et l'indifférence, ou parfois l'hostilité des familles. — On avouerait même, au besoin, comment son influence a pu être stérile, soit par oubli du caractère essentiel de toute bonne règle, soit par défaut de discernement dans l'emploi des moyens d'émulation et de répression.

Si l'instituteur avait à répondre à des observations touchant les procédés d'instruction ou la direction et les résultats particuliers des diverses matières d'enseignement, il lui faudrait persuader l'Inspecteur de son désir d'arriver à une situation meilleure, en s'éclairant de tout ce qui peut donner de la solidité à ses leçons, en apportant à la préparation de sa classe plus de réflexion et de soin, en concevant plus méthodiquement la matière des devoirs, etc.

Si, enfin, quelques-unes des critiques concernaient la tenue et la conduite personnelles du maître, celui-ci répondrait avec calme et modération. Il ne devrait pas oublier quelle peut être l'influence de son exemple sur tous, enfants et familles.

En résumé, il est indispensable que la réponse de l'instituteur donne de son esprit, de son aptitude, de son activité et de son dévouement, une opinion telle que l'Inspecteur se sente disposé à montrer moins de sévérité dans ses jugements ultérieurs et à tenir bon compte des quelques objections que sa lettre aura pu soulever.

Toutes ces indications nous semblent préciser le caractère et la forme de la réponse envisagée. Mais le cas dans lequel nous nous sommes placé, au début de notre étude, se présente rarement. Un instituteur qui recevrait une pareille lettre devrait se considérer comme étant de beaucoup en dehors de la bonne voie. Le bulletin d'inspection le concernant entraînerait, sans nul doute, une intervention de l'Inspecteur d'Académie, peut-être une mesure disciplinaire. C'est pourquoi, pour la rédaction du modèle suivant, nous ne retiendrons que les seules critiques relatives à la direction et aux résultats de l'enseignement. Nos lecteurs pourront s'exercer à traiter la réponse réclamée par l'un ou l'autre des points négligés.

Réponse de l'instituteur.

Francheville, le 20 Février 18...

Monsieur l'Inspecteur,

Je m'empresse de vous informer que j'ai reçu, aujourd'hui, la lettre par laquelle vous voulez bien me rappeler les observations que vous m'avez verbalement adressées, à la suite de votre visite du 8 février courant.

Permettez-moi, tout d'abord, de vous témoigner ma vive gratitude pour l'extrême bienveillance de vos appréciations touchant mes intentions et mes efforts, et de vous donner l'assurance que je n'épargnerai rien, désormais, pour obtenir des résultats plus en harmonie avec vos justes exigences.

Vous voulez bien me faire connaître que je comprends d'une manière assez satisfaisante la direction générale à imprimer à l'enseignement ; mais les observations dont vous accompagnez cette constatation encourageante de ma bonne volonté me convainquent qu'il me reste encore beaucoup à apprendre et beaucoup à faire pour mériter une entière approbation.

Mes leçons manquent d'animation, me dites-vous. C'est un fait que je constate malheureusement moi-même. J'éprouve de réelles difficultés à rendre ma pensée avec assez d'attrait pour exciter et soutenir l'attention des enfants. Peut-être cela tient-il, — pourquoi ne l'avouerai-je pas? — à l'insuffisance de mon travail de préparation : trop confiant dans une certaine sûreté de mémoire, je ne recherche pas toujours les moyens d'intéresser à ce que je veux apprendre. De là, en ce qui regarde l'enseignement du français, objet de vos premières critiques, trop de sécheresse dans mes explications sur le sens des mots; de là aussi le peu de fruit des comptes rendus de lectures et des exercices de récitation. Sur ce point, j'espère que, bien guidé par vous, et fermement résolu à veiller à une préparation plus complète de mes leçons, il ne me sera pas impossible d'atteindre au succès.

Vous craignez, ajoutez-vous, que je n'attache une importance excessive aux leçons de calcul, et que je ne fasse parfois de l'arithmétique aux dépens des autres matières du programme.

Si je devais persévérer, à d'autres points de vue, dans ma manière d'agir, vos craintes, Monsieur l'Inspecteur, seraient fondées. Une disposition d'esprit particulière, vous ai-je dit, le 8 février, me rendait moins difficile l'enseignement du calcul. J'avais compris, instinctivement plus que par réflexion, que le fait matériel servant de point de départ aux leçons d'arithmétique frapperait vivement les intelligences et les amènerait à saisir à la fois et la règle de calcul et ses applications dans la résolution des problèmes. Peut-être ai-je abusé de la promptitude à concevoir que je remarquais chez mes élèves, et me suis-je trop complu dans un travail où j'obtenais de meilleurs résultats qu'ailleurs. Mais j'étais loin de songer à dépasser les limites que me traçaient les dispositions réglementaires. Vos observations m'éclairent sur mon erreur, et si je parviens à donner aux autres enseignements le vrai caractère qui leur convient, soyez persuadé que toutes choses recevront une égale part de soins et de préoccupations.

Vous avez bien voulu user d'une grande indulgence dans votre appréciation des leçons de choses, et m'indiquer comment il est possible d'y mettre plus d'attrait et de variété. J'aurais mauvaise grâce à pallier mon inhabileté en arguant de l'insuffisance du matériel dont je dispose. Je pouvais, en effet, suppléer à ce qui me manquait par le dessin des objets au tableau noir; surtout me montrer plus soucieux de la bonne direction de ces leçons, en organisant, à l'exemple de plusieurs de mes collègues, un musée scolaire. Je vais me mettre à l'œuvre, et j'espère vous donner une satisfaction réelle à votre prochaine visite par la réunion des choses les plus essentielles. D'ailleurs, n'aurai-je pas, en dernier ressort, la ressource d'un recours à votre intervention pour obtenir de l'Administration l'envoi d'une collection de tableaux Deyrolles, si restreinte qu'elle puisse être.

En résumant vos observations verbales du 8 février, votre lettre, Monsieur l'Inspecteur, avait surtout pour but, je le comprends, de réveiller en moi le sentiment d'un devoir mieux entendu, et de me convaincre de la nécessité d'un travail plus intelligent et plus sérieux. Votre sollicitude ne sera point trompée. Je veux fermement sortir de la voie où, par un manque d'ardeur et de réflexion regrettable, je m'étais inconsciemment laissé entraîner.

Veuillez agréer, Monsieur l'Inspecteur, l'hommage de mon respectueux dévouement.

L'Instituteur public de Francheville,

NIOLOT.

Nous arrêtons ici notre série de modèles. Notre intention était simplement de présenter quelques exemples, à l'appui des notes formant la première partie de l'ouvrage, et peut-être avons-nous déjà forcé la mesure.

Ce que nous avons dit suffira — qu'on nous permette de le croire — à donner à nos jeunes lecteurs l'habitude d'analyser les situations déterminant l'envoi d'une ou plusieurs lettres à leurs chefs hiérarchiques. Et c'est là l'important, en matière de correspondance administrative.

Une plume plus autorisée eût, sans doute, tiré meilleur parti des sujets divers que nous avons développés. On voudra bien nous pardonner l'imperfection de nos modèles, en considération du but utile que nous avons poursuivi.

APPENDICE

SUJETS D'EXERCICES

I

Un instituteur est nommé officier d'Académie. Il écrit à ses chefs hiérarchiques et au Ministre pour remercier de cette haute distinction. — Faire les lettres.

II

Un instituteur, âgé de trente-cinq ans, meurt, laissant une veuve et quatre enfants sans ressources. — L'aîné des enfants a douze ans, et le plus jeune, quelques mois. — Ses collègues du canton, réunis pour l'enterrement, ont la pensée de provoquer une souscription en faveur de la famille, entre les instituteurs de l'arrondissement et même du département. Mais, avant de donner suite à leur projet, ils chargent l'un d'eux de rédiger une lettre, qu'ils doivent tous signer, pour solliciter l'approbation de l'Inspecteur d'Académie. — Faire cette lettre.

III

Un instituteur, dans un moment d'oubli, a donné un soufflet à l'un de ses élèves. La famille s'est plainte ; le maître s'est excusé dignement. — Mais l'Inspecteur, informé du fait, demande des explications. — Lettre de l'instituteur à ce dernier.

IV

Délibération d'un conseil municipal renfermant un rapport du Maire sur la construction d'une nouvelle maison d'école. — Un terrain convenable est choisi ; le rapport indique les conditions dont devra s'inspirer l'architecte pour établir ses plans et devis. (C'est, en réalité, l'instituteur qui a préparé le rapport et qui rédige la délibération.)

V

Un instituteur a vainement demandé au Conseil municipal de sa commune — et cela, à diverses reprises — de pourvoir aux améliorations les plus urgentes réclamées par l'état défectueux de sa classe et de son logement personnel. Désespérant de jamais vaincre une résistance qu'il juge systématique, et découragé, il sollicite un changement de résidence auprès de l'Inspecteur d'Académie.

VI

Réponse d'un instituteur à qui l'Inspecteur rappelle par écrit les observations qu'il lui a faites verbalement, lors d'une récente visite, sur ce que présentait de défectueux la tenue matérielle de son école. (Prendre le premier cas de la discussion du modèle n° 6.).

VII

Même réponse, en ce qui regarde la lenteur constatée dans le développement des programmes scolaires. (Voir les données de la discussion qui vient d'être rappelée.)

VIII

Même réponse, en ce qui a trait à la faiblesse de la discipline. (*Id.*)

IX

Le Conseil municipal, qui apprécie les services de l'instituteur, vient de voter, au profit de celui-ci, une allocation supplémentaire assez importante. — Lettre de remercîments à cette assemblée.

X

Dans une commune qui ne possède pas de bibliothèque scolaire, l'instituteur s'adresse au Maire pour obtenir une allocation du Conseil municipal. Il fait ressortir les avantages d'une pareille création tant au point de vue de la bonne organisation de l'école qu'au point de vue des intérêts moraux et intellectuels de la population. — Rédiger la demande.

XI

A la suite des examens pour le Certificat d'études, l'instituteur d'une commune populeuse reçoit une lettre de l'Inspecteur d'Académie qui croit devoir lui adresser des observations sur le peu de candidats qui ont été présentés et sur la faiblesse de ceux-ci dans les diverses épreuves (un seul a réussi). — Réponse de l'instituteur.

XII

a) Un instituteur écrit au Directeur de l'École normale pour avoir des renseignements sur le travail et la conduite d'un de ses anciens élèves, qu'il a fait admettre à cet établissement.

b) Les renseignements fournis par le Directeur ne sont pas favorables. L'instituteur écrit au jeune homme pour lui rappeler ses devoirs. — Faire les deux lettres.

XIII

Un instituteur a fait visiter à ses élèves du cours supérieur une ferme bien organisée. Il rend compte de cette visite à l'Inspecteur primaire : il indique, à grands traits, les choses sur lesquelles il a appelé l'attention des enfants, et il fait connaître dans quel sens a été dirigé le travail écrit demandé à chacun. — A l'appui de sa lettre, il transmet, corrigées, deux copies choisies parmi les meilleures.

XIV

Un directeur d'école a quatre adjoints. Il résume, dans un travail écrit, leurs diverses obligations et s'efforce de leur faire comprendre que les résultats obtenus par chacun d'eux n'auront d'efficacité qu'autant que leur action s'inspirera d'une pensée commune et des instructions qu'il a pour devoir de leur transmettre.

XV

Rédiger le rapport trimestriel que tout directeur d'école doit adresser à l'Inspecteur sur l'aptitude, le travail et la conduite de ses adjoints. — Quatre cas à considérer : 1° le service de l'adjoint est peu consciencieux ; la tenue et la conduite manquent de dignité ; — 2° service irréprochable, mais conduite légère ; — 3° bonne volonté évidente et tenue parfaite, mais aptitude médiocre et résultats insuffisants ; — 4° conduite, travail et résultats donnant toute satisfaction. — S'exercer sur l'une ou l'autre de ces hypothèses et rechercher des conclusions appropriées.

XVI

Un instituteur sollicite auprès de l'Inspecteur d'Académie le changement d'un de ses adjoints. Il expose avec modération, mais sans faiblesse, les raisons de la demande qu'il forme dans l'intérêt du stagiaire tout autant que dans celui de l'école.

Paris. — Imp. E. Capiomont et Cⁱᵉ, rue des Poitevins, 6.

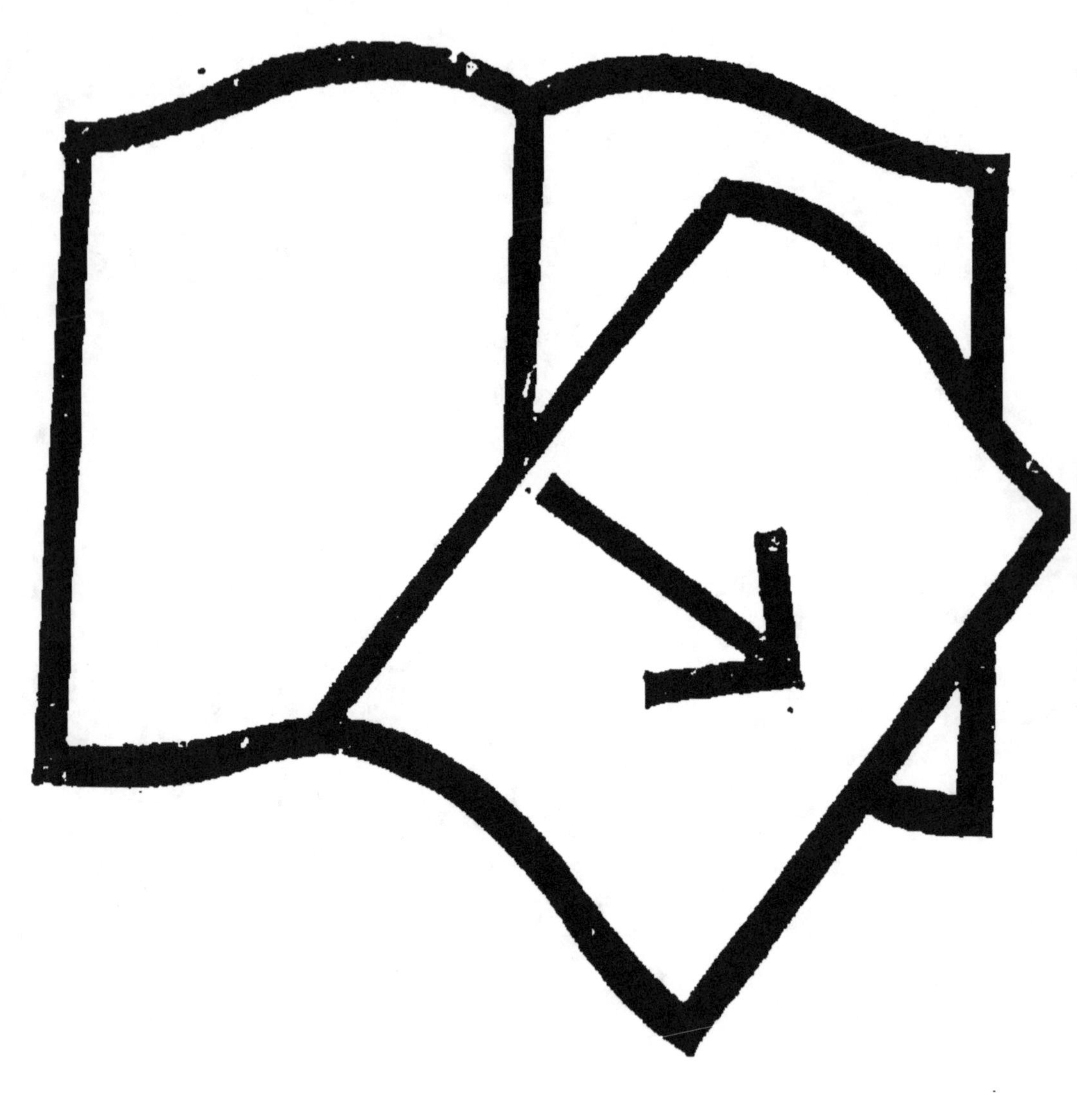

Documents manquants (pages, cahiers...)
NF Z 43-120-13